Projetos *para um* Casamento Sólido

PROJETOS *para um* CASAMENTO SÓLIDO

CONSTRUÇÃO ❈ REFORMA ❈ CONSERTO

DR. STEVE STEPHENS

1ª Edição
Traduzido por Marta Doreto de Andrade

CPAD

Rio de Janeiro
2010

Título do original em inglês: *Blueprints for a Solid Marriage*
Tyndale House Publishers, Carol Stream, Illinois, EUA
Primeira edição em inglês: 2006
Tradução: Marta Doreto de Andrade

Preparação dos originais: Gleyce Duque
Revisão: Elaine Arsenio
Adaptação de Capa: Alexander Diniz
Adaptação projeto gráfico e Editoração: Oséas Felicio Maciel

CDD: 243 — Família

As citações bíblicas foram extraídas da versão Almeida Revista e Corrigida, edição de 1995, da Sociedade Bíblica do Brasil, salvo indicação em contrário.

Para maiores informações sobre livros, revistas, periódicos e os últimos lançamentos da CPAD, visite nosso site: http://www.cpad.com.br

SAC — Serviço de Atendimento ao Cliente: 0800-021-7373

Casa Publicadora das Assembleias de Deus
Caixa Postal 331
20001-970, Rio de Janeiro, RJ, Brasil

1ª edição: 2010

SUMÁRIO

Introdução

SUA INSPEÇÃO PESSOAL

"Se o Senhor não edificar a casa,
em vão trabalham os que a edificam."

– Rei Salomão

Sentia-me contente por estar em casa.

O culto na igreja fora bom, mas agora era o momento de folhear o jornal e relaxar. Entrei na sala de estar numa tarde dominical de céu azul e, imediatamente, soube que havia algo errado. Meu olhar foi atraído para o centro do teto branco adamascado. Então vi uma única gota d'água cair silenciosa no tapete bege. Aproximei-me, e enxerguei melhor: o centro do teto estava cedendo. Como podia ser?

Apanhei um balde e cutuquei com a lâmina de um canivete, a bolha encharcada. A água escorreu tão rápida, que logo o balde estava pela metade. De onde vinha toda aquela água? Empurrei o balde para baixo da saliência bem a tempo de aparar o gotejamento seguinte, e subi ao andar superior à procura da fonte traidora.

A suíte acima da sala de estar pareceu-me segura: nenhum cano rompido, nenhuma torneira pingando, nenhum vaso ou banheira transbordando. Tudo parecia em ordem. No entanto, tinha de haver algo errado.

Mensurei mentalmente a sala e concluí que o vaso sanitário localizava-se diretamente sobre o teto estufado. Lembrei-me, então, que o vaso achava-se ligeiramente desnivelado, desde que fora recolocado três anos antes. Eu quase me esquecera disso. Pretendia consertá-lo qualquer dia, mas ainda não o fizera. Afinal, ele fora rejuntado, funcionava, e não havia vazamentos à vista.

Liguei para Dan, o meu amigo faz-tudo, e ele veio imediatamente. Arrancamos o vaso sanitário, e lá estava o vazamento. Descemos à sala de estar e abrimos um buraco no teto. O que avistamos não era bonito: uma camada de bolor cobria todo o lado de cima do teto. Cortamos um retângulo de dois metros e meio por três e meio no teto, a fim de remover todo o mofo.

"O que você fez com a nossa casa?" Espantou-se Tami, ao chegar.

"Estou só consertando uma goteira". Tentei sorrir.

Pelos próximos quarenta e cinco dias, podíamos, do sofá da sala de estar, ter uma ampla visão das vigas do andar superior e do encanamento do banheiro. Finalmente, o vaso foi rejuntado, o teto reposto e pintado. Tudo o que precisava era um pequeno reparo, e hoje está tudo perfeito.

A sua casa é um tanto parecida com o seu casamento: todo matrimônio carece, periodicamente, de um reparo ou reforma. Ambos, os melhores matrimônios e as melhores residências, exigem uma vistoria periódica. O triste é que muitos casais cuidam melhor de suas casas que de seus casamentos. Se você se comprometesse a manter a sua casa "até que a morte nos separe", como a trataria? Você ignoraria:

- a limpeza dos assoalhos,
- o conserto de goteiras no teto,
- a limpeza das janelas,
- a lavagem dos vasos sanitários,
- a troca das lâmpadas,
- e outros pequenos reparos rotineiros?

Até as moradias mais fantásticas perdem o encanto se não forem devidamente mantidas. Envelhecem, desbotam, e começam a parecer um tanto precárias. Se você deixar que as coisas cheguem longe demais, poderá ser tentado a simplesmente vender o local e procurar algo novo. Ou queixar-se aos vizinhos de que as coisas já não são tão boas quanto antes. Ou, talvez, simplesmente fitar as teias de aranha no teto e abanar a cabeça para o carpete sujo. Em vez destas opções sombrias, casa e casamento beneficiam-se quando você realiza inspeções de manutenção e determina o que precisa ser consertado, reformado ou simplesmente limpo.

De vez em quando é necessário um reparo.

As coisas precisam ser consertadas para que funcionem devidamente. Infelizmente, num relacionamento, as coisas se estragam com o tempo. Talvez pelo desgaste normal; quem sabe, por causas naturais, como cupins e apodrecimento; ou, talvez, um rompimento por negligência, por você não haver tratado as coisas tão cuidadosamente quanto era preciso.

De vez em quando é necessária uma reforma.

As coisas já não estão tão boas quanto parecem. Talvez você precise de mais espaço, ou queira modificar o ambiente. Quem sabe modernizar ou melhorar um cômodo. Seja qual for a razão, você conclui que alguma melhoria tornará o lugar mais eficiente, confortável, atrativo ou satisfatório.

De vez em quando é preciso simplesmente uma limpeza.

As prateleiras precisam ser espanadas, e as paredes, lavadas. Os aposentos não estão com um aspecto tão horrível, mas não parecem tão bonitos e lustrosos quanto já foram. Os acessórios precisam ser arranjados, e o lixo, posto fora. Ele pode causar um mau cheiro, ajuntar insetos ou transbordar para o restante da casa.

Toda casa e todo matrimônio carecem de uma análise, ao menos uma vez ao ano, para que se tome conhecimento de sua condição. Antes mesmo de se casar, é uma boa ideia vocês terem essas coisas em mente. Pense nisto como uma "inspeção do lar" para a casa onde vocês dois estão prestes a habitar. Enquanto examinam o seu relacionamento, discutam sobre o que gostam, o que não gostam, e que espécie de trabalho precisa ser feito. Eis aqui 12 áreas a considerar:

1. O Hall de entrada: projetos compromissivos
   Conhecer o que são realmente o amor e o relacionamento
2. Closets: projetos emocionais
   Manter contato com os sentimentos um do outro
3. A cozinha: projetos práticos
   Atacar as tarefas diárias em equipe
4. A sala de jantar: projetos sociais
   Conectar-se com pessoas que lhes enriqueçam o relacionamento
5. As ala de estar: projetos recreativos
   Descobrir juntos a diversão e a alegria da vida
6. O estúdio: projetos intelectuais
   Partilhar novos pensamentos, ideias e opiniões
7. O corredor: projetos para os conflitos
   Resolver as diferenças com respeito
8. O abrigo: projetos para as crises
   Aproximar-se durante os desafios e as dificuldades
9. O pátio: projetos estéticos
   Desfrutar juntos as belezas que os cercam
10. O quarto principal: projetos sexuais
    Manter o contato e a intimidade como um meio de estreitar o relacionamento
11. O anexo: projetos futuros
    Sonhar e planejar o amanhã
12. A fundação: projetos espirituais
    Conectar-se com Deus e o seu propósito para a vida

Uma análise do casamento permite-lhes avaliar o relacionamento e torná-lo tudo o que ele pode ser. Para aqueles que estão casados há algum tempo, isso irá recapturar a alegria e a empolgação do início. Contudo, o potencial contido nesta avaliação é ainda melhor: Quanto mais tempo vocês tiverem de casados, maior a profundidade potencial, a sensibilidade e a experiência que podem somar. Quanto mais vocês cuidarem do matrimônio, melhor ele ficará.

Sete anos após Tami e eu nos casarmos, construímos uma linda casa. Ela era limpa, fresca e nova. Era ótima. Passados treze anos, porém, a nossa casa dos sonhos vivera muitas coisas.

- Nossa lava-louças quebrou.
- Nossos tapetes desbotaram.
- Nossa sala de estar deteriorou-se.
- Nossas paredes ficaram sujas.

Contudo, Tami e eu cuidamos regularmente da melhoria de nosso lar. A nossa casa é, agora, melhor que quando a construímos. No começo, as paredes eram todas brancas; agora, são coloridas. Ao longo dos anos, temos consertado, aumentado e melhorado a nossa residência. Acrescentamos um cômodo, construímos um pátio pavimentado com pedras, melhoramos a iluminação, e transformamos um pedaço de terra seca e dura em um viçoso jardim. A nossa casa melhora a cada ano, mas dá trabalho. Não é fácil, mas certamente vale a pena. Em toda casa, sempre há projetos. Se você não consegue encontrar um, não está procurando ou não está crescendo.

Tami e eu estamos casados há vinte e dois anos, e a cada ano as coisas ficam melhores. Alegramo-nos de não termos as mesmas lutas que tivemos no primeiro ano. Todas as 12 áreas de nosso matrimônio melhoraram. Algumas, naturalmente; outras, com esforço intencional. Temos tido a nossa cota justa de reparos, reformas e limpezas. No entanto, sem estes "melhoramentos do lar" até os relacionamentos mais perfeitos correm o risco de se deteriorar.

É alto demais o número de casais que se divorciam.

Muitos casais vivem relacionamentos insatisfatórios, frustrantes, e parcialmente mortos. Mas não tem de ser assim. Uma inspeção periódica previne dificuldades futuras, mostra o que precisa ser tratado com urgência, e ajuda o casal a compreender as necessidades e expectativas um do outro. As inspeções podem ser divertidas. E são, também, a coisa mais inteligente a ser feita.

Se as suas necessidades não têm sido preenchidas, não desista.

Se você se acha ferido, infeliz, ou desapontado, não desista.

Se está enfadado, e a empolgação passou, não desista.

Se anda pensando em divórcio, não desista.

Se não consegue nem ver a vantagem de tentar, não desista.

Por favor, não desista!

Você pode ter um grande casamento.

Nenhum matrimônio é perfeito, mas todos podem ser melhorados. Os casamentos se desfazem, porque as necessidades não são atendidas. Cada uma das 12 áreas de sua residência representa uma necessidade particular de seu casamento. Algumas maiores, outras menores, mas todas importantes. Aquelas mais importantes para ele podem não ser as mais importantes para ela. Quanto maior o número de áreas apreciadas por você em sua casa, mais você gostará da casa inteira. Entretanto, um ambiente danificado, sujo, ou apodrecido, pode espalhar o incômodo para os aposentos contíguos, e logo a casa toda parecerá deteriorada e desvalorizada.

Os casamentos, como as casas, podem multiplicar seu valor. Quando descobrimos que o valor está decrescendo, frequentemente caímos em um dos dois padrões perigosos:

- Passividade: As coisas vão mal, mas não há nada que eu possa fazer. Então é melhor eu encarar a realidade e aceitar a situação como está.
- Pânico: As coisas vão mal, mas não há nada que eu possa fazer. Então é melhor terminar o relacionamento e sair desta situação o quanto antes.

Existe uma terceira opção mais positiva e produtiva: melhoramento do lar.

Pode não ser rápida ou engenhosa, mas funciona. Vocês querem um casamento saudável? Então se unam e examinem as 12 áreas de seu relacionamento. Algumas delas estão ótimas e exatamente do jeito que vocês gostam. Outras, porém, carecem de algum trabalho. Não entrem em pânico nem fiquem passivos; simplesmente façam seus projetos. Eis aqui algumas questões iniciais:

Quais as áreas que exigirão mais trabalho?

Quando começarão?

Quais as suas expectativas?

Como começarão?
Que materiais serão necessários?
Podem fazê-lo sozinhos ou precisarão de ajuda de fora?

E então, estamos prontos? Se desejam recapturar o amor que um dia tiveram e melhorar tudo o que possuem atualmente, vamos lá. Pegue a mão de seu cônjuge, abra a porta da frente, e comecemos a análise de seu matrimônio. Enquanto imaginam as melhorias de seu lar, vocês estarão no caminho para tornar o seu relacionamento:

- mais forte,
- mais profundo,
- mais caloroso,
- melhor,
- e para durar a vida inteira.

❋ ❋ ❋

> Imagine a si mesmo como uma casa viva. Deus vem reconstruir esta casa. A princípio, talvez você possa entender o que Ele está fazendo. Ele está endireitando as calhas e acabando com as goteiras no telhado e assim por diante. Você sabia que estes serviços precisavam ser feitos, e por isso não está surpreso. De repente, porém, Ele começa a golpear a casa de um modo que dói abominavelmente e não parece fazer sentido. O que estaria Ele fazendo? A explicação é que Deus está construindo uma casa totalmente diferente da que você pensava: acrescentando uma nova ala aqui, colocando um pavimento extra ali, levantando torres, fazendo pátios. Você achava que fariam de você uma cabana pequena e decente. Mas Ele está edificando um palácio. Ele pretende vir e habitar nele pessoalmente.
>
> — C. S. Lewis, *Cristianismo Puro e Simples*.

1

O HALL DE ENTRADA
Projetos Compromissivos

Você começa com a porta. A nossa é branca, com vidro no alto, e um capacho de boas-vindas diante dela. Você bate ou toca a campainha, e é convidado ao nosso hall de entrada. Aqui é onde tudo começa.

Em alguns lares, tiram-se aí os sapatos ou as botas, e alinham-nos junto à parede. Outros *halls* possuem cabides para sobretudos e guarda-chuvas, ou uma pequena mesa para correspondências.

Quando eu tinha oito anos, meus pais compraram uma grande casa, sem o hall de entrada. A porta da frente abria-se simplesmente para a sala de estar. Isso deve ter aborrecido o meu pai, porque, depois de um ano ou dois, ele criou um hall de entrada. Papai separou uma área de 1.50m x 1.80m, do lado de dentro, e cobriu-lhe o assoalho com ardósia; instalou uma bonita luminária no teto, e acrescentou uma jardineira embutida, para separar a entrada do restante da casa.

O que vemos quando adentramos a porta da frente conta-nos muito sobre como o casal trata a sua casa, e até como se sente a respeito dela.

- Quais são as cores?
- O que há nas paredes?

- As coisas parecem estar em bom estado?
- Como é o cheiro?
- Como é a limpeza?
- Alguma desordem?
- Qual a sua primeira impressão?

Quando alguém entra pela primeira vez em nossa casa, vê uma cadeira, uma manta, um vaso com flores frescas, e uma parede cheia de fotografias da família. Tami criou uma atmosfera simples, relaxante e convidativa.

Halls de entrada são importantes. São o começo. Contudo, em nossa vida agitada, frequentemente ignoramos o hall. Apressamo-nos pela porta da garagem ou a dos fundos. Esquecemos o hall de entrada, e este é um grande erro. Esta área pode parecer pequena ou inútil, mas é de muita importância, porque estabelece a atmosfera da casa inteira.

O hall representa os compromissos do matrimônio. São eles que nos fazem começar pela trilha certa. Se os compromissos são ignorados ou quebrados, teremos uma casa ventosa. Vários anos atrás, o caixilho de minha porta da frente foi estragado, e ela perdeu a vedação. Eu tinha de batê-la com força, e ainda assim não fechava direito. Naquele inverno, os ventos do nordeste sopraram fortes contra a minha porta, roubando o calor de nossa casa e criando correntes de ar. Tami reclamava do frio, e as crianças usavam casacos para se manter aquecidas. Entrementes, a nossa conta de calefação tornou-se exorbitante. Finalmente, contratei alguém para consertar o caixilho e repor a vedação. Agora, a porta fecha-se corretamente, as correntes de ar se foram, e a minha conta de calefação não causa pânico. O compromisso é o lacre que impede os ventos em seu matrimônio e mantém aquecido o relacionamento.

Então, abramos a sua porta da frente, entremos em seu hall, e conversemos sobre compromisso.

Compromisso Verdadeiro

"Não acredito em compromissos", declarou a atraente mulher de vinte e poucos anos, remexendo-se na cadeira. "Tudo o que se faz é entregar o coração, e então ser ferida. Acho muito melhor vivermos juntos um ano, e ver se dá certo. Então, talvez, nos casemos. Se não der certo, trocaremos um aperto de mão, diremos adeus, e cada um segue o seu caminho".

Sem compromisso.

Sem dor.

Sem discussão.

— Por que se incomodar? — Indaguei.

— O que? — Perguntou ela com um olhar de surpresa.

— Por que não dizer adeus, hoje, e seguir caminhos separados?

— Mas eu o amo, e cedo ou tarde, queremos nos casar.

— Com a sua filosofia sobre relacionamentos, garanto que o seu matrimônio não durará.

— Por que não? — Indagou a moça, genuinamente perplexa.

— Porque compromisso é tudo, foi a minha simples réplica.

O compromisso é a essência da confiança, e a confiança é a essência de todo relacionamento que valha a pena. Se confiamos em alguém, podemos construir uma amizade. Se não pudermos confiar, não teremos nada.

Casar implica em compromisso — um dos compromissos mais importantes que alguém pode firmar. É um ponto decisivo em sua vida. Ele abre a porta para o maior teste de caráter que a pessoa terá de enfrentar. O indivíduo põe-se de pé diante de amigos e parentes, segura as mãos do futuro cônjuge, e profere aquelas palavras inesquecíveis:

Na saúde ou na doença;

Na riqueza ou na pobreza;

Na luta ou na bonança;

Até que a morte nos separe.

Agora, será que os noivos têm a coragem e o caráter para viver essas palavras? Elas não são palavras inexpressivas, da boca para fora, lançadas ao vento. Essas palavras constituem um voto sagrado. Votos matrimoniais são feitos para:

- Deus,
- Seu cônjuge,

- Você mesmo,
- Sua família,
- Seus amigos,
- Sua comunidade,
- E todos os que se importam com você.

Naquele momento, a pessoa compromete a si própria: seu coração, sua vontade, seu corpo. Compromete 100% de quem ela é. Sem reservas.

Mas como se comprometer com um futuro que pode não sair do jeito que se espera? E se algo terrível acontecer? E se o seu mundo virar de cabeça para baixo? E o ente amado tornar-se mau, preguiçoso, abusivo, ou gordo?

E se a pessoa encontrar alguém com quem combine de modo mais perfeito e apaixonado?

E se eu disser: "Nada disso importa"?

Certa vez, encontrei um veterano que lutara na II Guerra Mundial.

— Eu preferia morrer a quebrar minha palavra — declarou ele.

— Isto não é um tanto drástico?

— Não, senhor — reafirmou ele — A palavra de alguém é a sua reputação, e sem uma reputação não se é nada.

Os tempos certamente mudaram.

Raramente alguém mantém a palavra.

Os votos são violados.

As pessoas são violadas.

Contudo, os compromissos não precisam ser deixados de lado. A vida será dura; é assim que são as coisas. Mas há esperança. Um compromisso verdadeiro pode funcionar.

"Claro", concordou um amigo. "Agora, compromisso é sinônimo de inferno ou purgatório".

Um compromisso é algo miserável somente se você o transformar nisso.

Quando duas pessoas se casam, há sete compromissos que são absolutamente cruciais:

Compromisso com a Unidade

A Bíblia afirma que duas pessoas unidas em matrimônio tornam-se uma. Vocês estão ambos no mesmo time. Ou vencem como um time, ou perdem como um time. Vocês riem juntos e choram juntos. O que fere o seu cônjuge fere você. O que empolga o seu cônjuge empolga você.

É como uma corrida com três pernas: se pegar o ritmo, move-se bem. Se perder o passo, cai.

Quando vocês atuam como um só, não fazem nada que possa ferir, depreciar, desencorajar, frustrar, ou limitar o cônjuge. Na verdade, fazem exatamente o oposto: empenham-se totalmente para curar, lisonjear, encorajar, edificar e fortalecer um ao outro.

O que você faz por seu cônjuge, está, na verdade, fazendo por si. Este é o significado de unidade. Fazemos o que é melhor para o relacionamento, não para os indivíduos. Desse modo, forma-se um "nós" sagrado, e em todas as circunstâncias, o "eu" submete-se ao "nós". O "eu" não se perde; o "eu" tão somente fortalece o "nós", e o "nós" fortalece o "eu". E assim, os dois são realmente um.

Unidade significa partilhar, e quanto mais a pessoa partilha, mais se torna um com o cônjuge. Então, partilhem os seus sentimentos, pensamentos, experiências e risos.

Vocês podem até partilhar a dor, as necessidades, as preocupações e os sonhos. Mas em meio ao estresse e ao passo febril, não se esqueçam de partilhar amor.

Compromisso com uma Comunicação Positiva

Num restaurante, é possível saber quem está casado há um longo tempo. São aqueles casais que se sentam de frente um para o outro, e raramente conversam. Às vezes, nem mesmo se olham.

Cansados demais.

Zangados ou magoados demais.

Demasiadamente enfadados, ou solitários, ou desunidos.

Algo deu errado; palavras que antes traziam entendimento, riso e romantismo, sumiram. As palavras são o sangue vital dos relacionamentos saudáveis. Damo-las e as recebemos. Elas informam e confortam, lisonjeiam e unem.

Casais compromissados comunicam-se.

A comunicação positiva é o prognosticador máximo de um casamento forte. Duas pessoas que desejam um relacionamento real partilham seus pensamentos e sentimentos, suas esperanças e temores; ouvem cuidadosamente e respondem com respeito; não depreciam, não insultam, nem esperam o pior. Em vez disso, encorajam, elogiam, e procuram modos de fazer o outro crescer. Indagam e fazem concessões a diferenças individuais — diferenças de opinião, de preferência, de perspectiva, e mesmo de comunicação.

A comunicação nem sempre é fácil, mas sempre vale a pena. Joshua Harris, em seu livro *Boy Meets Girl*, oferece princípios orientadores para uma comunicação autêntica:

- Problemas de comunicação geralmente são problemas do coração.
- Seus ouvidos são as suas ferramentas de comunicação mais importantes.
- Boa comunicação não acontece por acaso.
- Ausência de conflito não significa boa comunicação.
- O motivo é mais importante que a técnica.

Compromisso com a Qualidade do Tempo

Gary Chapman alista a qualidade do tempo como uma das cinco "linguagens do amor". Quanto mais intencional e deliberado for o tempo gasto juntos, mais próximos se sentirão um do outro.

— Quanto tempo faz que vocês tiveram juntos um tempo de boa qualidade? — Perguntei a um jovem casal.

Os dois riram — nervosamente.

— Temos três filhos — explicou ela.

— Tenho um emprego exigente e estou me esforçando por uma boa promoção — completou ele.

— Então, há quanto tempo? — Insisti.

— Dois anos — respondeu ele.

— E há quanto tempo o seu casamento se acha preso na rotina?

— Dois anos — concordou ela.

Naquela noite, os dois saíram da rotina e tiveram juntos algum tempo de qualidade. Isso, provavelmente, salvou-lhes o casamento. Como saber se o tempo passado juntos possui a qualidade que o casamento precisa?

Estabeleçam como prioridade o passar tempo juntos fazendo coisas que ambos apreciam. Tenham uma boa conversa, uma boa caminhada, ou simplesmente um bom momento. A vida torna-se louca e febril, e vai embora rápido demais; se não planejarmos um tempo com qualidade, ele não acontece. Então, peguem o calendário e agendem um tempo para vocês. Separem uma hora para estarem a sós, sem distrações, onde os dois possam realmente unir-se. Tem de ser um oásis, um momento onde vocês não falam de filhos, de finanças, trabalho ou problemas. Um instante em que possam relaxar e desenvolver seu relacionamento num nível mais profundo.

Eis aqui algumas ideias para o seu tempo com qualidade:

- Abraçar no sofá.
- Sonhar juntos novos sonhos.
- Passear de carro.
- Ler um livro um para o outro.
- Explorar algum lugar novo.
- Falar de suas predileções.
- Encontrar-se num restaurante.
- Sair para um encontro realmente romântico.

Compromisso com o Crescimento

Façam cada ano ser melhor que o anterior. Tami diria que o nosso primeiro ano foi o mais difícil. Desde então, as coisas têm melhorado cada vez mais. Mas isso dá trabalho. Todo empreendimento vantajoso exige esforço e compromisso. Se desejamos uma boa graduação ou um bom cargo, empregamos tempo. Se queremos um belo jardim, plantamos, capinamos, regamos e adubamos. Essas ações, com uma certa ajuda do clima e daquEle que controla o tempo, fazem crescer as plantas. Tami tem um grande quintal. Ela cuida dele, e da primavera ao outono ele produz diversas variedades de alimento e flores. Ela cuida do quintal, e o quintal cuida dela.

Portanto, comprometam-se com o crescimento de seu matrimônio, e serão abençoados. Cada um não deve se concentrar nas mudanças que deseja que o outro faça. Em vez disso, empenhe-se para ser o(a) melhor esposo(a) que puder. Procure saber quais são as necessidades de seu cônjuge e satisfaça-as. Descubra o que é preciso para se ter um ótimo casamento e faça-o. Sendo ou não um bom leitor, leia ao menos um livro sobre casamento, a cada ano. Faça um seminário sobre relacionamentos e, com o seu cônjuge, participe de um retiro ou encontro de casais.

Descubra as coisas que ofendem, frustram ou ferem o cônjuge, e pare de fazê-las. Preste atenção àquilo que o outro tem-lhe pedido há tanto tempo — coisas que você ignora, adia, ou simplesmente recusa fazer. Pergunte a si mesmo porque não as tem feito e, a menos que haja uma razão realmente forte, faça-as. Você descobrirá que, ao mostrar-se amorosamente atencioso, estará fazendo crescer a intimidade e a aproximação com o seu cônjuge. E ambos crescerão também em comprometimento.

Compromisso com a Fidelidade

— Nunca tire a sua aliança de casamento.

— Por quê? — Perguntei à minha avó.

— Porque ela recorda a você e a todo o mundo que você é casado.

Esse foi um excelente conselho.

Muitos parecem ter se esquecido de que estão casados e do que isso realmente significa: Você está preso. Você pertence ao seu cônjuge e a ninguém mais. Olhe para a sua aliança e lembre-se do dia em que ela deslizou pela primeira vez em seu dedo. Se você está noivo, reflita nas ramificações daquilo para o que você está se preparando.

A aliança simboliza o seu total compromisso com essa pessoa especial. Então, por que visitar uma sala de bate-papo virtual, flertar com um colega de trabalho, ou deixar a mente ir aonde não deveria?

Você está casado, e duas pessoas casadas são fiéis uma à outra. Isso significa não deixar ninguém — real ou imaginário — colocar-se entre você e o seu cônjuge. Guarde o coração e evite situações que possam tentá-lo. Seja cuidadoso com aquilo para o que você olha, com aquilo que fala, e com o quanto você se aproxima emocionalmente do sexo oposto. Nunca permita que necessidades emocionais ou sexuais, que devam ser preenchidas por seu cônjuge, o sejam por outra pessoa — mesmo que esta pessoa seja mais bondosa, mais atraente, mais inteligente, e mais compreensiva que o seu cônjuge. Um esposo fiel recusa ser tentado por sexo virtual ou pornografia, fantasias ou flertes, amizades íntimas ou toques inapropriados. Essas coisas — qualquer delas — são 100% emocional e sexualmente comprometedoras. Veja algumas maneiras de proteger a sua fidelidade:

- Use a aliança de casamento.
- Não flerte.
- Não fique a sós com alguém do sexo oposto.
- Evite segredos.
- Deixe o seu cônjuge conhecer os onde, quando, quem e porquê de sua agenda.
- Deixe por conta de seu cônjuge todos os presentes ou favores para o sexo oposto.
- Fale positivamente sobre o seu cônjuge.
- Carregue sempre uma foto de seu cônjuge.
- Fuja de situações românticas e/ou de tentação sexual.
- Lembre-se dos grandes momentos que tiveram juntos.
- Nunca olhe pornografia.
- Reconheça o quanto a infidelidade feriria o seu cônjuge, os seus filhos e a sua reputação.
- Não discuta assuntos sexuais com membros do sexo oposto, a não ser numa consulta médico/psicológica.
- Ore por seu casamento.

Compromisso com a Honestidade

— Devo contar à minha esposa?

— Por que não? — Indaguei ao diretor executivo de uma companhia multimilionária.

— Ela poderia perder o respeito por mim, e isso prejudicaria o nosso casamento.

— Se você não lhe contar a verdade, ela perderá o respeito por você. No final das contas, a verdade é sempre descoberta. Cedo ou tarde, ela vem à superfície. Se você não contar ao seu cônjuge, ele acabará descobrindo e sentindo-se enganado por sua desonestidade. A verdade é a base para a confiança. Mentiras, segredos e silêncios criam rachaduras profundas no relacionamento, e podem despedaçar o melhor dos matrimônios.

Vocês dois são um, e, portanto, nada precisa ser escondido. Segredos entre marido e mulher logo trazem problemas. O primeiro deles é que os segredos são progressivos. Começa-se com um, e logo se precisa de outro para encobrir o anterior. E então outro, e mais outro.

O segundo problema é que os segredos livram você da prestação de contas. Quando o seu cônjuge sabe de tudo, você tende a ser mais responsável e menos inclinado a cair em tentação. O seu cônjuge o protege das fraquezas, e você faz o mesmo por ele. Isso só pode ser feito numa atmosfera de honestidade e confiança. Portanto, antes de fazer qualquer coisa, por menos questionável que seja, pergunte a si mesmo:

- Sentir-me-ei confortável em contar ao meu cônjuge isto que estou para fazer?
- Como o meu cônjuge reagirá a isto?
- Esta atividade nos distanciará ou nos aproximará?

Quando a honestidade e o amor são a moeda corrente, o casamento está destinado a ser rico. Acredito no compromisso com a honestidade total, mas há três exceções a essa regra. Aconselho as pessoas a serem cautelosas quanto a partilhar:

- Informações dolorosas e ao mesmo tempo desnecessárias;
- Informações sobre relacionamentos sexuais que tenham tido antes de se conhecerem.
- Se houve um caso, informações sobre detalhes específicos dos encontros sexuais. (Partilhar isso criará, possivelmente, imagens visuais que podem dificultar a cura do cônjuge ofendido.)

Compromisso para a Vida toda

Um jovem casal, lutando em seu primeiro ano de não-tanta-felicidade-conjugal, perguntou-me há quanto tempo eu estava casado.

— Dezesseis anos — foi a minha resposta.

— O quê? — Estranhou a esposa, com um olhar chocado.

— Dezesseis anos — repeti.

— Você deve estar brincando! — admirou-se ela.

— Dezesseis anos, e as coisas melhoram a cada ano.

— Nunca conheci alguém que estivesse casado há tanto tempo, e ainda gostasse disso — comentou ela.

Qual o significado de "até que a morte nos separe?" As pessoas se casam, divorciam, e tornam a se casar, com tal regularidade, que isso parece ter se tornado normal. O divórcio já não choca; é apenas parte da vida. Temos de compreender que tal atitude é tragicamente errada, insalubre, e extremamente perigosa. O divórcio prejudica os filhos, a família e a comunidade; afeta as emoções, a crença e o espírito. Ele apanha a pessoa numa armadilha de egoísmo e imaturidade. Certo psicólogo famoso afirma não acreditar em divórcio, porque o término de um relacionamento bloqueia o crescimento pessoal, enquanto que os momentos difíceis do casamento desenvolvem o caráter. Não obstante, vivemos numa época em que o conforto tem prioridade sobre o caráter.

Tami e eu fizemos um acordo com os nossos filhos de que nunca nos divorciaremos. De pé em nossa cozinha, de mãos dadas com os nossos três filhos, prometemos ficar juntos por toda a vida. Há pelo menos dez benefícios em um relacionamento saudável e duradouro.

- Ensina a amar.
- Desenvolve a paciência.

- Vence a solidão.
- Alonga a vida.
- Nutre os filhos.
- Molda a responsabilidade.
- Enriquece a memória.
- Constrói o caráter.
- Fica como herança.
- Agrada a Deus.

Resumo

Sem compromisso, nenhum casamento durará. No último terço do século XX, a nossa cultura tentou uma experiência social maciça, que falhou miseravelmente. As pessoas experimentaram o "amor livre", o "casamento aberto", o "divórcio amigável", e a "monogamia serial". Nada disso funcionou. Milhares de pessoas acabaram assustadas e destruídas. Uma geração cresceu sem compreender que o compromisso é basilar para o casamento.

É hora de parar com este jogo estúpido.

É tempo de crescer e construir um matrimônio real — um matrimônio com dias bons e maus, com enfado e empolgação, frustração e diversão, sofrimento e alegria. O casamento é um baú de coisas misturadas, mas no final, os benefícios suplantam as dificuldades.

Um casamento compromissado demanda maturidade, confiança e coragem. Contudo, vale a pena. O que faltar em conforto será compensado em caráter. E caráter é o que realmente importa.

Projetos do Hall de Entrada

1. Converse com o seu cônjuge sobre o real significado de compromisso.

    - Qual dos sete compromissos é mais importante para você?
    - Qual é o mais difícil?
    - Por quê?

2. Façam um voto de nunca pensar em divórcio. (Registrem, assinem, emoldurem, e pendurem-no em seu quarto.)

3. Perguntem um ao outro o que gostariam que fosse feito para melhorar o casamento. E façam-no.

4. Façam um programa romântico duas vezes ao mês. (Ela planeja o primeiro, e ele o segundo. Repitam a sequência todos os meses.)

5. Leiam um livro sobre matrimônio, ou relacionamento, todos os anos.

2

O CLOSET
Projetos Emocionais

Tami acredita que quanto mais closets houver, melhor.

Eu nem me preocupo com closets.

Antes de nos casarmos, comprei um aconchegante bangalô, construído em 1902. Ele tinha muita personalidade, mas apenas dois closets pequeninos. Quando nos casamos, Tami logo fez-me entender que aquilo não era adequado. Tentei tranquilizá-la, lembrando-lhe de que a casa possuía um porão onde poderíamos guardar tudo o que não coubesse nos closets. Por algum motivo, esta não era uma solução aceitável. Tami queria mais closets.

Assim, ao traçarmos a planta para a nossa casa atual, Tami desenhou um monte de closets – e eles não são pequenos nem insignificantes. Agora possuímos closets em abundância. Temos um closet para casacos, um closet para brinquedos, um closet para roupa de cama, um closet para alimentos, e três deles para armazenagem geral. Em cada quarto há um grande closet para roupas, especialmente no quarto de casal.

Mas agora tenho um problema com closets. De algum modo, eles tornam-se depósitos de toda sorte de bugigangas. O closet de casacos, bem junto ao hall de entrada, é o criminoso mais notório. Não faz muito tempo, tomei coragem e explorei o seu conteúdo:

lá havia bem mais que casacos. Encontrei livros, câmera, caixa de fotografias, brinquedos, guarda-chuvas, cachecóis, luvas, chapéus, toalhas de mesa, documentos escolares, bastões de beisebol, e várias caixas de conteúdo desconhecido. Ao conversar com as pessoas sobre os seus closets, geralmente ouço palavras como: bugiganga, bagunça, transbordamento.

Gosto muito de limpar os nossos closets. Experimento uma certa alegria em jogar fora tudo o que não presta mais, doar às instituições de caridade coisas que não mais usamos, ou simplesmente organizar a confusão. Duas vezes ao ano, Tami faz uma inspeção em nosso quarto de casal e em nossas roupas. Apontando cada item, ela indaga:

- Ainda serve?
- Está na moda?
- Gosto disso?
- Usei isto no último ano?

Se a resposta a qualquer destas indagações for "não", há uma boa probabilidade de a peça desaparecer. Semana passada, nosso filho Dusty resolveu arrumar o armário dos jogos. Ele organizou tudo, agrupando as peças de cada um e pondo fora todos aqueles em que faltavam partes. Agora podemos encontrar o que desejamos, e não temos mais de parar na metade do jogo, por descobrir que está faltando peças cruciais.

De vez em quando, todo relacionamento precisa dar uma olhada em seus closets emocionais. Algumas coisas precisam ser jogadas fora; outras, consertadas. Às vezes, algumas delas necessitam, simplesmente, serem reorganizadas e postas onde possam ser facilmente encontradas. Um closet bagunçado pode contaminar outras áreas do casamento. Frequentemente, pegamos aquelas coisas, com as quais não sabemos o que fazer, e as enfiamos num closet. Se isto continua por muito tempo, o closet emocional atingirá um ponto onde não saberemos lidar com mais nada. A esta altura, as portas se rompem e as emoções derramam-se pela casa.

Se não lidarmos corretamente com as emoções, mais cedo ou mais tarde alguma coisa explode. Esta explosão pode destruir uma casa que já foi bonita, ou um casamento que já foi maravilhoso.

Intimidade Emocional

— A solidão está me matando — chorava Suzie. — Meu coração dói, porém o mais doloroso é que James parece nem perceber o quanto eu sofro.

Então perguntei a James:

— O que está acontecendo com a sua esposa?

— Nada — respondeu ele com um encolher de ombros. — As vezes ela se fecha em si e fica um tanto mal-humorada, mas as mulheres são assim mesmo. Ela está bem.

— Não está, não — relatei a James. — Ela sofre tanto, que está pensando em deixar você.

— Não, não pode ser. Simplesmente não pode ser.

Por que James estava tendo tanta dificuldade em lidar com as emoções de Suzie? Parte do problema era que ele não sabia como sintonizar com as ondas emocionais da esposa.

Todos somos cheios de emoções. Algumas pessoas são expressivas com os sentimentos; mostram as suas cores sem que ninguém lhes peça. Se estão tristes, zangadas ou felizes, todo mundo sabe. Outras mantêm os sentimentos escondidos; suas fisionomias não dão qualquer indício do que se lhes passa por dentro. Contudo, óbvias ou não, são as emoções que nos movem e nos mantêm vivos. Sem elas, os relacionamentos não teriam aquela centelha, nem inspiração, nem intimidade verdadeira. Seriam apenas duas pessoas unidas como o cérebro e o corpo. São os sentimentos que nos levam ao aprofundamento e à aproximação. São eles que nos fazem considerar o casamento, e também são eles que, mais tarde, tentam o casal a desistir, quando as coisas ficam difíceis. As emoções são, ao mesmo tempo, irracionais e confusas, indo desde o êxtase ao desespero. Alguns dias, abraçamos as emoções; noutros, as amaldiçoamos. Sem os sentimentos, a vida seria insípida e sem colorido; com eles, a vida é intensa demais.

A intimidade emocional é uma das áreas mais negligenciadas do casamento. Ela exige que conheçamos as nossas emoções e sejamos honestos com os nossos sofrimentos. Intimidade emocional significa estar disposto a revelar ao companheiro a nossa vulnerabilidade, e também exige que ele faça o mesmo.

A intimidade emocional envolve quatro dos passos mais desafiadores e recompensadores que alguém pode dar:

Consciência Emocional

Para estar realmente conectado ao cônjuge, é preciso saber onde ele se encontra emocionalmente. Se ele se acha preocupado, teremos de conectar-nos de um modo diferente de quando ele está zangado. E se ele está feliz, aproximamo-nos de outra maneira. Estar ciente dessas coisas é como tomar o pulso da outra pessoa: ele nos diz o que se passa por dentro, e facilita-nos fazer o que é preciso, desde que saibamos como.

Como desenvolver consciência emocional?

Olhe realmente

Frequentemente, não enxergamos nem o que está à nossa frente. É como olhar para um quadro com uma imagem oculta. A princípio, não conseguimos ver a forma escondida. Mas depois de estudar atentamente a pintura, ela aparece repentinamente, e admiramo-nos de havermos deixado passar algo tão óbvio.

O pulso emocional de nosso cônjuge acha-se exposto em centenas de indícios visuais, mesmo que ele esteja tentando mantê-los em segredo. Os sintomas são evidentes, se formos bons observadores. Estude a linguagem corporal. Está tudo aí, porque as emoções vazam do corpo como a água fria transpira do copo num dia de verão. Conheça alguns dos indícios físicos:

- Curva da boca
- Foco dos olhos
- Contrações e tiques
- Cor da tez
- Tipo de respiração

- Nível de energia
- Tensão do ombro e do pescoço
- Desassossego geral
- Velocidade do passo
- Inclinação da cabeça
- Rigidez do queijo
- Engolir em seco
- Morder os lábios
- Testa vincada
- Ranger de dentes
- Gesto das mãos
- Expressão facial
- Postura
- Linguagem corporal
- Movimento dos pés

Ouça realmente

Ouvir é tarefa difícil, mas fornece outra chave para o pulso emocional de uma pessoa. Entretanto, não ouça apenas as palavras.

Ouça abaixo,
entre,
e atrás das palavras.

Uma canção é mais que simples palavras. Existem o ritmo, a fraseologia, a melodia e a harmonia. A mesma canção entoada por um soprano polido, orquestrada por uma flauta e um piano suave, soa completamente diferente quando executada por um baixo rangente, competindo com uma bateria e uma guitarra elétrica aguda. A pulsação emocional é diferente, embora, na maioria das circunstâncias, a diferença seja um tanto sutil.

Desacelere e ouça. Ouça a entonação, o volume, a atitude, a velocidade, e o tipo das palavras. Qual é a emoção por trás das palavras? Ela está lá — às vezes sutil, às vezes óbvia. É como identificar que instrumento musical está tocando a sua canção favorita. Quanto mais treinado o ouvido, mais você ouve.

Identifique

Uma testa enrugada e um lábio trêmulo, combinados com uma pausa e uma engolida em seco, contam-lhe algo muito importante. E então sua esposa pisca a tempo de impedir que uma lágrima caia.

O que ela está lhe dizendo?

Há centenas de emoções e milhares de graduações para cada uma. Contudo, muitos de nós não somos bons em identificar o que sentimos, muito menos o que o cônjuge está sentindo. Eis aqui 14 emoções básicas, que podem servir de começo para se tomar o pulso emocional — tanto o seu como o de seu cônjuge.

	Alta	Moderada	Baixa
Raiva	____	____	____
Atração	____	____	____
Enfado	____	____	____
Contentamento	____	____	____
Curiosidade	____	____	____
Aversão	____	____	____
Exaustão	____	____	____
Medo	____	____	____
Culpa	____	____	____
Solidão	____	____	____
Galhofa	____	____	____
Tristeza	____	____	____
Abalo	____	____	____
Tensão	____	____	____

Olhe na face, ouça a voz, e você poderá identificar o estado do coração. Agora você sabe o que faz o seu cônjuge alterar-se e o que o motiva. Você toma-lhe o pulso e, neste momento, estabelece com a alma dele a mais íntima, reveladora e vulnerável conexão. Aqueles que sabem lidar com o coração e a alma descobrem uma intimidade invejada por todos.

Análise Emocional

Olhar para dentro é difícil e, às vezes, doloroso. A consciência emocional geralmente leva a trilhas escuras e assustadoras, serpenteando por regiões que você tenta, duramente, suprimir. Contudo, o seu lado escuro é real. A honestidade ensina a humildade. É preciso ser sincero como o profeta Jeremias, quando disse: "Enganoso é o coração, mais do que todas as coisas" (Jr 17.9).

Quando mostramos coragem e integridade em compreender o próprio coração — nossos segredos e vergonhas, inseguranças e sensibilidades, paixões e potenciais — finalmente saímos de sob a máscara bem forjada de civilidade e aparência.

Agora podemos ser honestos. Às vezes, somos irracionais. Às vezes, mesquinhos e cruéis. Isso não é uma justificação; é simples realidade. Não devemos abraçar o nosso lado escuro, mas aceitá-lo. Quando o aceitamos em nós mesmos, podemos aceitá-lo em nosso cônjuge. Faça isso, e você estará em posição de analisar a sua história, as suas necessidades e os seus "gatilhos" emocionais.

A história molda

O nosso passado — bom ou mau, bonito ou feio — moldou-nos naquilo que somos hoje. Lori foi sexualmente abusada por um tio. Hoje, ela desconfia dos homens. Adam veio de um lar ruidoso e violento, e agora se retrai sempre que a esposa se mostra enérgica. O pai de felicidade deixou a família por outra mulher. Vinte anos mais tarde, toda vez que o marido olha para uma mulher atraente, ela entra em pânico. A história deixa o seu impacto em cada indivíduo e em cada casamento. Os cônjuges devem partilhar entre si os seus traumas e sofrimentos mais marcantes. Relatem um ao outro sobre as lágrimas, temores e alegrias da infância. À medida que compreendem a história um do outro, vocês começam a entender quem realmente são.

Necessidades diferentes

Os medos, traumas e privações da infância deixam cicatrizes emocionais no adulto. Estas marcas emergem em forma de necessidades emocionais que clamam por serem atendidas, e esperamos que o nosso cônjuge as atenda, ou ao menos nos afirme.

Conhecer as necessidades emocionais do cônjuge é uma das tarefas mais importantes a serem realizadas no matrimônio. Sejam aprendizes um do outro. Observem, estudem, reúnam os dados, e façam o melhor possível para satisfazer as necessidades do ser amado. Sejam o maior consolador e líder de torcida um do outro.

As necessidades de cada um são diferentes. As cinco necessidades relacionais mais comuns acham-se descritas no livro *As Cinco Linguagem do Amor*, de Gary Chapman. São elas:

- palavras de afirmação,
- presentes,
- toques físicos,
- obséquios,
- tempo com qualidade.

Qual dessas é a maior necessidade da pessoa com quem você se casou? Com que frequência ela gosta que você satisfaça esta necessidade? Quando foi a última vez que você realmente a satisfez?

Conheça os seus gatilhos

A nossa história emocional deixa necessidades, mas também deixa gatilhos. Estes gatilhos acham-se diretamente ligados a nossa história emocional. Qualquer reação forte — seja de dor, raiva ou medo — tem raízes no passado.

Quando perdeu o seu emprego de oito anos, muito bem pago, Tony não ficou preocupado. Ele decidiu tirar algumas semanas de folga para relaxar e refletir sobre as oportunidades profissionais. Cindy, porém, ao voltar do trabalho numa tarde, e encontrar Tony sem se barbear e sem banho, vendo desenho na televisão, ficou louca da vida.

"Seu vagabundo, preguiçoso, que não presta para nada!" Gritou ela. "Eu me mato de trabalhar o dia inteiro, e você não faz nada, absolutamente nada! Eu pensava que você me amasse, que fosse cuidar de mim..." E explodiu em soluços. "Você nunca vai encontrar um emprego. Trabalhamos duro por esta casa, e agora não poderemos sequer pagar a hipoteca".

O que aconteceu?

Eles formam um casal financeiramente estável, e Tony é um trabalhador esforçado. Então, por que Cindy ficou tão perturbada?

O seu medo foi acionado.

Ela viera de um lar onde o pai dificilmente parava num emprego, e a família era frequentemente despejada de casa porque não podia pagar o aluguel. Às vezes, nem tinham o suficiente para comer. A insegurança e o medo instalaram-se dentro de Cindy, de um modo que ela nunca esquecerá.

Todos temos gatilhos.

Funciona assim: um acontecimento externo estimulante — uma visão, um som, cheiro, gosto, ou toque — dispara uma lembrança desagradável ou desconfortável. Então reagimos com uma emoção forte, que nos arremessa na clássica síndrome do lutar-ou-fugir.

Então, conheça os próprios gatilhos e administre suas reações. Eis alguns gatilhos em potencial:

- tom de voz,
- atitudes,
- expressões faciais,
- falta de respeito,
- finanças,
- álcool,
- expectativas,
- poder e controle,
- sexualidade,
- percepção de abandono, rejeição, ou negligência.

Seja cônscio das sensibilidades de seu cônjuge e não dispare os seus gatilhos. Mas se o fizer, não se ponha na defensiva. Permaneça calmo. Comunique amor e mostre que você se acha compromissado com a intimidade emocional.

Articulação Emocional

Os sentimentos são o espelho da alma. Uma pessoa extrovertida pode sentir-se à vontade para falar de suas emoções. A introvertida, porém, provavelmente esconderá os sentimentos e se sentirá desconfortável em falar sobre eles.

Deus fez cada um de um modo único. Alguns falam aberta e facilmente sobre os seus sentimentos mais recônditos. Outros debatem-se para fornecer o menor sinal do que se passa dentro deles. Se um cônjuge não pode ou não quer falar de seus sentimentos com o outro, a intimidade emocional será ilusória, e qualquer outro tipo de intimidade sofrerá prejuízo.

Então, como tornar-se emocionalmente articulado?

Abra a boca, abra o coração, e arrisque-se.

Mencione o sentimento

Todas as noites, Jean e Michael sentam-se face a face em sua grande cama de casal e conversam. De mãos dadas, eles olham um nos olhos do outro e admitem qualquer agitação que possa surgir.

"Hoje, senti-me sozinha e assustada", relata ela.

Michael faz perguntas e ouve pacientemente: "Por quanto tempo você se sentiu assim? O que desencadeou isto? De onde você acha que vem este sentimento? O que você gostaria que eu fizesse para ajudar?"

E então, Michael fala de como se enfureceu logo pela manhã, e de quão embaraçado se sente a respeito dessa emoção. Jean escuta e ajuda-o a examinar o que sente. Quando ele termina, ela o abraça e agradece-o por sua honestidade.

Parece tolice?

Talvez. Mas não importa.

A questão é que isso funciona.

Michael sorriu ao contar: "Sinto-me tão livre."

Jean correu os dedos por entre os cabelos dele e confessou: "Sinto-me, agora, muito mais próxima de Michael que antes de conversarmos. E certamente compreendo-o muito mais agora".

Jean e Michael aprenderam a mencionar seus sentimentos clara e concisamente. Ambos responsabilizam-se por suas emoções, sem culpar, defender, ou minimizar o que sentem.

Você sente o que sente.

Mencione-o e converse a respeito.

É fácil?

Não!

É embaraçoso?

Às vezes.

Isso os aproximará um do outro?

Sim!

Respeite o sentimento

"Por que ele não se abre e não partilha seus sentimentos?"

Tenho ouvido esta interrogação milhares de vezes, e a minha resposta é usualmente a mesma: "Talvez ele não se sinta seguro".

Para que a esposa seja vulnerável, o esposo precisa realmente ouvir e procurar entender. Para o marido se abrir, a mulher deve estar disposta a respeitá-lo, apesar das emoções que possa julgar indesejáveis nele. Com demasiada frequência, um cônjuge cala os sentimentos do outro. Eis aqui seis maneiras de se bloquear a intimidade emocional:

- Ignorar: "Não percebi que você estava se sentindo assim".
- Negar: "Você não sentiu isso".
- Moralizar: "Você não deve sentir isso".
- Depreciar: "Como é tolo, imaturo e egoísta sentir-se assim".
- Manipular: "Se você realmente me amasse, não se sentiria desse modo".
- Atacar: "Estou tão zangado, que tenho vontade de bater em você".

Qualquer uma dessas seis atitudes afetará a sua intimidade emocional, e pode ser que até a destrua. Se vocês desejam realmente um bom relacionamento, devem respeitar os sentimentos um do outro, mesmo que não façam sentido, ou causem desconforto. (Na verdade, é ainda mais importante respeitar a outra pessoa nestas ocasiões.)

Então, qual é a linha de base?

Respeitem as emoções um do outro, e a proximidade entre ambos crescerá cada vez mais.

Desrespeitem as emoções, e distanciar-se-ão um do outro — talvez uma distância tão grande como jamais imaginaram.

Administração Emocional

Cada casamento é, emocionalmente falando, um campo minado em potencial. Na superfície, tudo parece calmo e pacífico, mas logo abaixo jaz o perigo. Acontecimentos negativos ou dolorosos em nossa história fincam minas terrestres. O nosso cônjuge, desavisado e confiante, caminha por nossa vida e, inocentemente, pisa onde não deveria.

Buuum! Repentinamente, voa tudo pelos ares. Sem aviso, o pobre cônjuge recebe o impacto, assusta-se e machuca-se.

"De onde veio isto?"

"O que eu fiz de errado?"

"Por que eu fui ferido?"

"Como posso proteger-me a fim de não me machucar de novo?"

O cônjuge atingido olha para o outro, e o amor foi substituído pelo medo. Já não é seguro estar com aquela pessoa. Ela é perigosa, e por isso ele move-se cautelosamente, numa postura defensiva, evitando chegar perto, por temer acionar outra mina.

O desafio de cada casal é aprender a administrar as emoções. Há três caminhos: enterrar mais fundo as minas, simplesmente deixá-las explodir, ou desativá-las.

Enterre-as

Suprimir as emoções é perigoso. Muitos acham que, enterrando profundamente as emoções indesejadas, acabam por esquecê-las, e elas simplesmente se desvanecem.

Sem chance.

Enterrar emoções não as faz desaparecer. Elas retornam sozinhas à superfície, onde explodem com fúria redobrada, ou deixam vazar o seu veneno, infiltrando-o no solo e contaminando tudo o que toca.

Deixe-me trocar a metáfora um instante.

Abafar as emoções é como uma farpa espetada no dedo. Se a deixarmos lá, ele fica vermelho e infeccionado.

Pressão.

Pus.

Dor.

Quanto mais tempo a farpa permanece, pior se torna a infecção, até ameaçar o corpo inteiro. As emoções têm de aparecer, assim como as lascas ou as minas. Alistamos a seguir alguns dos perigos potenciais de se enterrar as emoções:

- Depressão
- Hipertensão
- Problemas estomacais
- Dores de cabeça
- Passividade/agressividade
- Confusão
- Perda ou ganho de peso
- Pesadelos
- Fobias
- Padrões viciosos

Deixe-as explodir

Não controlar as emoções é tão perigoso quanto abafá-las. Alguns, descuidadamente, deixam as emoções explodir e justificam-se: "Eu sou assim mesmo", ou "Não consigo evitar", ou "Se eu não puser para fora, enlouqueço".

Entretanto, explodindo, arriscamos ferir quem estiver por perto. A rajada de palavras pode cortar quem estiver ao alcance de nossa voz. A torrente ofuscante das emoções cruas pode fazer qualquer um correr em busca de proteção. A detonação reverberante sacode até os mais fortes, deixando-os com lembranças lacerantes, que demoram a sarar.

As explosões causam estragos esternos e internos, que podem levar anos para serem sanados. As partículas radioativas podem incutir desconfiança e temor. Os escombros podem bloquear a comunicação. Os efeitos prolongados podem ferir aqueles a quem mais amamos.

Deixar tudo explodir pode dar uma sensação boa, mas o impacto negativo é grande demais. Além de que, isso dificilmente criará intimidade emocional.

Desative-as

Trabalhar honesta e humildemente as emoções conduz ao entendimento. Enfrentar as minas, e admitir que são nossas, exige caráter. Aproximar-se e desativá-las exige coragem.

Mas e se o seu cônjuge rejeitá-lo ou perder o respeito por você? E se ele pensar que você tem minas demais enterradas? E se ele achar o mecanismo de suas minas complicado demais?

Muitos temem neutralizar as minas por causa das possíveis reações de seus cônjuges. Mas se formos honestos e humildes, o nosso companheiro aproximar-se-á, em vez de afastar-se. Falar sobre as emoções pessoais mais negativas, sem culpar o cônjuge, ou os pais, ou quem quer que seja, cria uma intimidade capaz de aproximar mais que nunca dois corações. Quando um dos dois mostra-se vulnerável, o outro é desafiado a também ser honesto e humilde acerca de suas minas.

Uma boa administração envolve a disposição de se trabalhar ativamente as emoções negativas. Isto pode não parecer natural, mas é saudável e contribui para um matrimônio gratificante. Quando nos dispomos a correr o risco e sair da zona de conforto, o lucro é inacreditável.

Eis algumas maneiras de se neutralizar as emoções:

- Ore com o cônjuge.
- Respire fundo.
- Partilhe o que se passa dentro de você.
- Deixe a autodefesa.

- Evite culpar ou atacar.
- Fale de suas necessidades.
- Inicie um contato físico positivo.
- Discuta mudanças para melhorar as coisas.
- Agradeça ao seu cônjuge por ouvi-lo e aceitá-lo.
- Faça algo que os dois apreciem.

Resumo

A maioria dos fracassos conjugais é o resultado da falta de intimidade emocional. Se os dois não se conectam em um nível sentimental, lutarão entre si. Muitos casais acham-se desunidos emocionalmente, pelos seguintes motivos:

- a infância,
- sofrimento e medo,
- depressão,
- ira,
- autoestima baixa,
- falta de habilidade para comunicar-se,
- o cônjuge,
- a personalidade,
- estresse e o ritmo febril da vida.

Todas estas questões podem dificultar a vida conjugal; contudo, elas podem ser trabalhadas. Sempre que os dois estiverem compromissados e motivados a ter um ótimo relacionamento, isto acontecerá, apesar das centenas de dificuldades. Tudo começa com intimidade emocional.

Projetos para o Closet

1. Identifique as emoções que você experimentou hoje, bem como as emoções que acha que o seu cônjuge sentiu. Conversem e vejam se vocês estão sintonizados na mesma onda.

2. Mapeiem a sua história emocional e partilhem-na um com o outro. Incluam:

    - Quando você se sente mais amedrontado?
    - Quando se sente mais triste?
    - Quando se sente mais culpado?
    - Quando se sente mais sozinho?
    - Quando se sente mais zangado?

3. Determine qual das cinco linguagens do amor, de Gary Chapman, é a maior necessidade de seu cônjuge. Durante a próxima semana, satisfaça esta necessidade ao menos uma vez por dia.

4. Da próxima vez que experimentar uma forte emoção negativa, nomeie o sentimento e registre por escrito o que o fez disparar. Então tente descobrir como isso pode estar relacionado a algum evento passado.

5. Sentem-se juntos e discutam qual dos seis matadores de intimidade emocional foi usado por cada um de vocês no último mês. Combinem que, a cada vez que um dos dois usar um desses matadores, o ofensor fará pelo menos uma coisa para agradar o outro.

3

A COZINHA

Projetos Práticos

Toda casa precisa de uma cozinha.

Nunca ouvi falar de uma casa que não tivesse cozinha. Já ouviu? Em nossa casa, ela localiza-se estrategicamente entre a sala de estar e a de jantar. Em muitos aspectos, a cozinha é o centro da casa. Nela, há sempre alguém — procurando alguma coisa no armário, checando a geladeira, preparando algo para comer. Tenho fama de ir furtivamente à cozinha, surrupiar um biscoito de chocolate ou qualquer outra guloseima que encontrar. Tami e eu formamos um ótimo par, porque eu adoro comer, e ela é uma grande cozinheira. Então, sempre posso encontrar em nossa cozinha uma gostosura acabada de assar.

A cozinha é mais do que um lugar para se estocar alimento. É um cômodo reservado para se preparar refeições e lanches. Por conseguinte, ela pode tornar-se um tanto desarrumada, com gorduras e afazeres. A maioria das cozinhas tem um fogão, forno, geladeira, pia, lava-louças e microondas. E também tem balcão. Tami gosta de balcões, porque ela diz precisar de muito espaço de trabalho. Outra necessidade é a de inúmeras gavetas e armários — cheios de potes, panelas, facas, copos medidores, cortador de frios, e centenas de outros instrumentos, que fazem o trabalho mais fácil. Este é o espaço com a perene atividade de aprontar e limpar.

Tami aprecia decorar e organizar a cozinha. Ela pintou as paredes de vermelho e decorou os armários. Vários anos atrás, mostrou-se preocupada com o assoalho de linóleo que, antes branco e brilhante, achava-se então amarelado. Com o passar do tempo, apareceram saliências e frestas onde caíra alguma coisa. Então uma emenda, antes quase invisível, começou a romper e a enrolar. E isso foi a gota d'água.

"Steve", começou Tami em tom sério. "Temos de fazer alguma coisa com este assoalho".

Uma ou duas semanas mais tarde, Tami encontrou um piso de pedras e apaixonou-se por ele. Fizemos um levantamento para ver quanto custaria assentar o ladrilho, e vimos que ficaria muito além do que estávamos dispostos a pagar. Então Tami veio a mim com uma nova ideia:

— Acho que nós mesmos podemos colocar o piso.

— Eu nunca assentei ladrilho — repliquei.

— Podemos aprender — sustentou ela com um sorriso charmoso e persuasivo.

A próxima coisa de que me lembro é de Tami e eu de joelhos, arrancando o linóleo, espalhando argamassa e assentando o piso. Durante três dias, trabalhamos lado a lado, desde as oito da manhã até a meia noite. Foi duro e cansativo, mas recompensador. E foi também divertido. Ao acabarmos o trabalho, sabíamos que formávamos um bom time. E o assoalho ficou fantástico.

Agora, toda vez que entro na cozinha e olho para o belo assoalho de pedras, recordo-me da alegria de trabalhar ao lado de Tami e do poder unificador da intimidade prática.

Intimidade Prática

"Adoro casamento", declarou Courtney. "Só que a trabalheira que ele dá me esgota e me deixa amuado. Não haveria um modo de se ter a diversão e o romance, sem ter de equilibrar o talão de cheques, disciplinar as crianças e limpar os banheiros?"

Concordo com Courtney, mas o casamento é cheio destas centenas de tarefas ordinárias e enfadonhas. Não acredito que alguém as aprecie, mas elas têm de ser feitas. São estas pequenas tarefas terrenas que mantêm a vida em movimento. É como encher o tanque do carro: exige tempo e esforço, e às vezes é inconveniente. Contudo, se não o fizermos, mais cedo ou mais tarde, o carro acabará na beira da estrada, enquanto caminhamos até o posto de gasolina mais próximo. Existem algumas coisas que simplesmente temos de fazer. Na verdade, conforme observou Albert Schweitzer, o médico missionário do século XIX, grande parte do que fazemos na vida é levar o lixo para fora.

Uma vez que a vida conjugal é cheia dessas tarefas práticas diárias, faria muito sentido usar estas oportunidades para promover a intimidade. Uma das lembranças mais queridas que tenho de meus avós maternos é de vê-los trabalhando juntos. Após o jantar, vovó Blanche lavava a louça, e vovô Walter a enxugava. Enquanto trabalhavam lado a lado na cozinha, eles reviam o dia. Ao mesmo tempo, apresentavam a um menininho hiperativo um modelo de intimidade prática, onde marido e mulher atacam, em equipe, as tarefas diárias da vida.

Trabalhando com casais por mais de vinte anos, observei que eles parecem resistir naturalmente a essá área da intimidade. Com demasiada frequência, dividimos o serviço nas categorias "dele" e "dela". Ele paga as contas, e ela faz as orações noturnas com as crianças. Ele transporta as crianças, e ela faz o orçamento. Cada casal divide o trabalho diferentemente, mas o problema é que a maioria das coisas é dividida.

Não tem de ser assim!

Trabalhar juntos tem um monte de vantagens. Tentem com as três principais áreas de intimidade prática: administração financeira, responsabilidades paternas, e tarefas domésticas. É muito mais fácil que fazer sozinho, e vocês surpreender-se-ão ao ver como elas os aproximam.

Administração Financeira

— Não acredito! — Exclamou Jack, frustrado. — Você sabe que precisamos ser cuidadosos com o dinheiro, mas você ainda sai e compra quatro terninhos novos!

— Mas estavam em liquidação — justificou-se Jayden.

— Se não temos dinheiro, não temos e pronto. Não me importa se é a maior liquidação do mundo.

Tenho ouvido essa discussão centenas de vezes. Dinheiro é uma das áreas de intimidade prática, que pode edificar ou arruinar um matrimônio. Deus tem um grande senso de humor. Ele gosta de ajuntar poupadores e gastadores, e então observar como eles lidam com as diferenças. Para muita gente, dinheiro é um símbolo de necessidades emocionais das mais profundas — como segurança, sucesso, liberdade, ou autoestima. É como Joe Louis, o pugilista campeão de peso-pesado, afirmou certa vez: "Não gosto de dinheiro, na verdade, mas ele me acalma os nervos".

Casais inteligentes conversam sobre dinheiro; discutem sentimentos e expectações sobre as suas finanças; são abertos quanto ao ponto onde estão financeiramente, e onde pretendem chegar no futuro. Casais que estabelecem metas e planejam juntos têm mais probabilidades de serem felizes juntos. Um ótimo começo é discutir o que, exatamente, ambos gostariam de fazer com o dinheiro. Em quais das seguintes áreas vocês mais gostariam de gastar o seu dinheiro?

Deus
Dívidas
Presentes
Causas
Lar
Necessidades
Férias
Hobby
Roupas
Transportes
Poupança
Sonhos
Caridade
Investimentos
Utilidades
Passeios românticos
Educação
Entretenimento
Cuidados médicos
Aposentadoria

— O que aconteceu ao seu casamento? — Perguntei a Jeff.

— Trina estava desapontada por eu não conseguir ganhar mais — explicou ele. — Ela veio de uma família rica, que tinha de tudo, e eu simplesmente não podia competir. Ela acostumara-se a gastar muito, e estava nos levando a bancarrota.

—Vocês conversaram a respeito?

— Não, não podíamos falar de dinheiro. Era um assunto delicado demais.

— Então, quem cuidava das contas?

— Eu. Trina sequer sabia como controlar um talão de cheques.

— Vocês ao menos faziam um orçamento?

— Eu fazia, mas Trina não tinha interesse nesses detalhes. Ela dizia que as finanças eram tarefa masculina. Eu não conseguia fazê-la se empenhar comigo em qualquer coisa que tivesse a ver com dinheiro.

Não foi o dinheiro que acabou com esse matrimônio; foi a falta de intimidade prática de Trina e Jeff. Casais inteligentes cuidam juntos de suas finanças. Mesmo que tenham fontes de renda separadas, criam um local onde possam partilhar uma porção de seus recursos financeiros, e trabalham nele em equipe. Ali, o dinheiro não é "dele" ou "dela"; é "nosso". Ambos os cônjuges têm interesse e responsabilidade nos bens conjuntos, mesmo que um deles seja notadamente melhor em assuntos financeiros.

Paguem as contas juntos. Se fizerem isso, os dois saberão como estão financeiramente. Ambos terão conhecimento de:

- quanto custam as coisas,
- quanto devem,
- quanto dinheiro têm guardado,
- e quanto as despesas mudaram.

Assim, não haverá surpresas, e quando surgirem problemas, eles poderão ser discutidos antes que se transformem em crise. Um dos cônjuges olha o valor da conta, e o outro preenche o cheque. No mês seguinte, troquem os papéis.

Façam o orçamento juntos. Muitos casais não têm um orçamento, e por isso gastam mais do que ganham. Cedo ou tarde, isso trará grande pressão sobre o relacionamento. Peritos financeiros encorajam os casais a seguir o rastro de seus gastos durante três meses. Seja realista, mas comprometa-se a gastar menos do que ganha mensalmente. Se isso não for possível, é hora de reduzir as despesas e o estilo de vida. Ambos têm de concordar com o orçamento, porque se um dos dois se sentir forçado a se conformar, não terá motivação para cooperar. Quando houverem concordado sobre um orçamento viável, desenvolvam uma estratégia para viver dentro de seus parâmetros.

Entrem num acordo sobre as despesas prioritárias, e mudem o orçamento juntos. Como membros de uma equipe, vocês não tomam decisões que abalem o orçamento, sem que ambos estejam de acordo. No começo de nosso casamento, Tami e eu fizemos uma lista do que cada um desejava adquirir para o nosso lar. Nossas listas pareciam decididamente diferentes. Ela achava que precisávamos de móveis e itens de cozinha, enquanto eu entendia que precisávamos de um aparelho de som e de ferramentas para o quintal. Sentamo-nos e, juntos, estabelecemos uma ordem de prioridade. Afirmamos as necessidades um do outro e decidimos quando satisfazer cada uma delas, de um modo que parecia igualmente justo. Nunca faça uma compra importante, sem a aprovação de seu esposo. Não se trata de pedir permissão; trata-se de mostrar respeito e construir confiança.

Discutam juntos os quatro cestos especiais. Depois que as despesas principais forem pagas, falem de outras quatro áreas onde aplicar seu dinheiro. Cada uma delas é muito importante. Ignorá-las é diminuir o seu matrimônio e a sua intimidade. Eu as chamo de "os quatro cestos especiais".

- O Cesto da Oferta: Ofertar a Deus, aos necessitados e a várias causas especiais pode enriquecer-lhes o matrimônio.
- O Cesto da Aposentadoria: Separar algum dinheiro para o futuro pode ajudá-los a desfrutar melhor os seus anos dourados.
- O Cesto da Segurança: Poupar uma parte de sua renda para emergências e situações inesperadas é de muito bom senso. Espere o melhor, mas prepare-se para o pior.
- O Cesto dos Sonhos: Usar dinheiro para sonhos a curto e em longo prazo pode acrescentar emoção e antecipação a qualquer casamento.

Administrem as suas finanças juntos. Isto inclui conversar sobre cada problema que surgir, compreendendo que cada um de vocês valoriza e gasta dinheiro de modos diferentes. Respeitem-se mutuamente, mas também admitam que um dos dois pode ser melhor administrador financeiro que o outro. Por mais que um deseje ser condescendente com o outro, não se deve permitir que a intimidade seja prejudicada. Alguns especialistas afirmam que 80 % dos divórcios são o resultado de dificuldades financeiras. Portanto, tratem das finanças em conjunto, ou elas maltratarão vocês e os separarão. Eis aqui alguns princípios financeiros, por onde começar:

- Conversem regularmente sobre as finanças.
- Ofertem o melhor para Deus.
- Façam um orçamento.
- Evitem novas dívidas no cartão de crédito.
- Eliminem as dívidas do cartão de crédito o mais rápido possível.
- Tenham em poupança uma quantia suficiente para se viver dois meses.
- Planejem para o futuro.

Um repórter perguntou, certa feita, a John D. Rockefeller, um dos homens mais ricos do mundo: "Quanto dinheiro você precisa para fazê-lo feliz?"

O senhor Rockefeller parou e ponderou na questão. Olhou, então, nos olhos do repórter e respondeu: "Só mais um pouquinho".

Vivemos num mundo que se tornou materialista e ganancioso. Somos atraídos àquilo que é mais novo, maior, e supostamente melhor. O dinheiro não é mau, mas o apóstolo Paulo adverte que "o amor do dinheiro é raiz de todos os males" (1 Tm 6.10a). Este é o desafio de todo matrimônio: aprender a estar contente, não obstante a situação financeira. Como diz o ditado: "Dinheiro pode não trazer felicidade, mas certamente melhora o humor de nossos credores".

As finanças são importantes, mas é perigoso dar-lhes demasiada importância. Descobri que muitas das melhores coisas da vida são grátis: um pôr-do-sol, uma risada de criança, um elogio, um copo d'água fria num dia quente, paz de espírito, bons amigos e ser amado. Contudo, ainda sonhamos com coisas e nos agarramos a elas. Também descobri duas regras básicas sobre as coisas que colecionamos:

- A Lei da Satisfação Decrescente: Quanto mais se possui uma coisa, menos ela satisfaz.
- A Lei da Insatisfação Crescente: Quanto mais se possui uma coisa, mais se anseia por ela, ou por outra diferente.

As finanças precisam ser mantidas na perspectiva correta. Se as ignorarmos, poderemos entrar em dificuldade. Se duelarmos por elas, criaremos distâncias ou desconfianças no casamento. Se vocês trabalharem juntos, estarão mais próximos um do outro nesta área e em muitas outras. Ofereço aqui os dez princípios que mantém as finanças na perspectiva correta para Tami e eu.

1. Compreenda que dinheiro não pode fazê-lo feliz.
2. Viva para o que realmente importa.
3. Saiba que as riquezas passam.
4. Contente-se com o que tem.
5. Coloque as pessoas acima do dinheiro.
6. Partilhe o que possui com aqueles a quem ama.
7. Invista nos lugares certos.
8. Conserve o caráter acima dos ganhos.
9. Não se apegue ao que possui.
10. Dê generosamente o que durará além de sua existência terrena.

Responsabilidades Paternas

Os filhos são bênçãos de Deus. Eles podem deleitar e enriquecer muito o matrimônio. Contudo, há ocasiões em que nos levam à loucura. A vida era simples antes da chegada dos filhos. Havia tempo para o casal relaxar, dedicar-se a um hobby, estar com os amigos e desenvolver a intimidade. Com os filhos, a vida parece tão cheia, e o tempo não mais pertence só aos dois. A paternidade é uma responsabilidade de 24 horas diárias. A mudança no estilo de vida para acompanhar os filhos força o casal a ser mais determinado e criativo na construção da intimidade. Não obstante, a paternidade representa uma nova arena para a intimidade prática.

Com demasiada frequência, a tarefa paterna é desempenhada mais individualmente que a dois. Os momentos a sós com o filho podem ser especiais, mas faz-se necessário, também, o tempo em família. A segurança, o desenvolvimento e a união de uma família saudável requerem um marido e uma esposa que, intencionalmente, trabalhem juntos para alcançar metas comuns. Uma família forte é um dos legados mais importantes que um casal pode deixar. Portanto, estabeleçam suas metas e trabalhem em conjunto para desenvolver uma grande família. Algumas dessas metas são:

- Intimidade. Deleitem-se em passar tempo juntos.
- Respeito. Respeitem os pensamentos, sentimentos, limites e pertences um do outro.
- Aceitação, apreciação e afirmação. Encoraje e edifique o outro.
- Amor. Preocupem-se um com o outro e comuniquem amor.
- Regras e responsabilidades. Sigam as regras acordadas e partilhem as responsabilidades familiares.
- Comunicação. Conversem um com o outro sobre o que se passa no coração e na mente.
- Diversão e risada. Relaxem e tenham bons momentos juntos.
- Honestidade. Sejam honestos e verdadeiros um com o outro.
- Tradições. Estabeleçam rotinas, padrões e tradições que os aproximem.
- Prioridades. Vivam de modo a demonstrar suas prioridades de fé, família e amizades.

Há pelo menos cinco áreas principais da paternidade, nas quais vocês dois podem mostrar intimidade prática.

Conheçam seus filhos

Todas as semanas, pais vêm a mim trazendo seus filhos e uma reclamação em comum: "Tem algo errado com o meu filho, mas não sei o que é".

Sento-me com a criança por meia hora, e então reúno-me com os pais.

— Como foi? — Indagam eles.

— Ótimo! — é a minha réplica usual. E então relato-lhes tudo o que descobri sobre seu filho.

— Como você percebeu tanta coisa em tão pouco tempo? — Surpreendem-se eles.

A resposta é fácil:

Entro em seu mundo e presto atenção.

Observo suas expressões faciais, seus movimentos, sua linguagem corporal.

Escuto suas palavras, suas emoções, suas forças e fraquezas, suas mágoas e esperanças.

Conhecer os filhos exige tempo e esforço, mas vale a pena. Certifiquem-se de partilhar um com o outro tudo o que aprenderem sobre os filhos. Isso fortalecerá o relacionamento marital e o papel de pai e mãe. Algumas das perguntas que faço mais frequentemente são:

- Qual o seu .... favorito?
  Prato.
  Programa de TV.
  Época do ano.
  Matéria da escola.
- Quem são os seus melhores amigos? Por quê?
- Do que você mais gosta em você?
- Se você pudesse ir a qualquer lugar do mundo, onde gostaria de ir?
- Qual é o .... de que você menos gosta?
  Serviço.
  Hábito.
  Receio.
  Lugar aonde ir.
- O que podemos fazer para ser pais melhores?

Amem seus filhos

Todo filho precisa ser amado. Digam-lhes o quanto vocês os amam. Elogiem e encorajem-nos. Eles precisam ouvir palavras certas para serem edificados, pois há muitas coisas na vida para empurrá-los para baixo. Sempre ouço adultos revelarem que o maior desapontamento de sua infância foi não ouvir os pais dizer que os amavam. Mais do que qualquer outra pessoa, são os pais que influenciam o bom desenvolvimento dos filhos. Mesmo sabendo-se amada, a criança precisa ouvir isto frequentemente.

Os filhos carecem também de demonstrações de amor. Se não se sentirem amados, poderão voltar-se para dentro de si mesmos e ter dificuldade em dar amor. Isso deixa cicatrizes para a vida toda. Portanto, abracem-nos. Brinquem com eles. Façam coisas especiais para eles. Levem-nos a algum lugar divertido. Surpreendam-nos com algo de que gostem. Há centenas de modos de se amar os filhos, e aqui vão algumas ideias simples:

> 1. Abraçá-los todas as manhãs. 2. Ir ao zoológico, a desfiles e parques. 3. Pendurar na geladeira as suas obras de arte e seus prêmios. 4. Criar tradições familiares. 5. Ser paciente. 6. Pedir desculpas quando irritar-se. 7. Acampar juntos. 8. Brincar de pular num só pé e de esconde-esconde. 9. Sempre carregar Band-Aids e balas. 10. Conhecer seus pontos fortes. 11. Elogiá-los. 12. Encorajá-los. 13. Apreciá-los. 14. Comer juntos. 15. Reduzir o ritmo. 16. Respeitar sua privacidade. 17. Ouvir. 18. Não disciplinar irado. 19. Ser firme. 20. Dizer "Eu te amo" frequentemente. 21. Deixá-los ser infantis. 22. Aceitar imperfeições. 23. Recompensar bom comportamento. 24. Explicar claramente as regras. 25. Rir mais. 26. Ir ao restaurante favorito deles 27. Convidar seus amigos. 28. Comprar sorvete de casquinha. 29. Sair de férias. 30. Saber quando ser gentil e quando ser firme. 31. Tornar os aniversários inesquecíveis. 32. Ensinar respeito e responsabilidade. 33. Ficar do seu lado. 34. Não embaraçá-los. 35. Ajudar nas tarefas escolares. 36. Procurar entender seu mundo. 37. Construir memórias. 38. Cumprir promessas. 39. Dizer "não" quando necessário. 40. Não gritar. 41. Dar presentes. 42. Moldar as virtudes. 43. Orar com eles. 44. Orar por eles. 45. Conversar com seus professores. 46. Dizer-lhes que se orgulha deles. 47. Estender a mão.

48. Contar estrelas juntos. 49. Conversar na hora de dormir. 50. Puxar a coberta com uma bênção.

Ensinem seus filhos

No livro de Provérbios, lemos: "Instrui o menino no caminho em que deve andar, e, até quando envelhecer, não se desviará dele" (Pv 22.6). Há muitas coisas que as crianças precisam saber, e é sua responsabilidade ensiná-las. O lar é o local primário para a aprendizagem; contudo, frequentemente, os pais deixam que a escola, a televisão, os livros, amigos e outras organizações se encarreguem dessa tarefa. Estas coisas não são necessariamente más, porém carecem de um cuidadoso monitoramento.

Ron e Beth pensaram muito sobre as habilidades práticas que desejavam ensinar às suas três meninas. Juntos, desenvolveram uma lista de informações básicas, e em que idade deveriam enfocá-la.

Quando as meninas tivessem...

8 anos, estudariam sexualidade.
9 anos, lavariam a louça.
10 anos, aspirariam a casa.
11 anos, lavariam os banheiros.
12 anos, aparariam o gramado
13 anos, planejariam as refeições.
14 anos, preparariam as refeições para uma semana.
15 anos, planejariam eventos sociais.
16 anos, pagariam contas.

Ron e Beth trabalharam juntos, com um plano básico. Então, juntos, ensinaram esse estilo de vida. Agora, eles têm três universitárias responsáveis. Seu treinamento familiar foi realizado, e os jovens que se casarem com essas moças serão extremamente abençoados.

Como pais, ensinamos sempre, quer percebamos ou não. Nossos filhos estão constantemente observando tudo o que fazemos. Desafortunadamente, eles são mais rápidos na assimilação dos nossos maus hábitos do que das nossas boas qualidades. Num deslize da língua, deixamos escapar aquela palavra que nunca pronunciamos antes, e o nosso filho, de repente, presta atenção. Durante a próxima semana, ele repetirá a tal palavra vez após vez, recordando-nos o nosso triste exemplo. Não desistamos. Lembremo-nos de que qualquer coisa dita por nós em particular pode, facilmente, ser repetida em público. Compreendamos também que, de tudo o que ensinamos, duas das coisas mais importantes são: como ser um bom cônjuge e como ser bons pais.

E existe a área da virtude. Quando eu estava na faculdade, uma das professoras de psicologia era ateísta declarada. Certo dia, na aula, ela disse que levaria os filhos à Escola Dominical, no domingo seguinte.

Curioso, levantei a mão e perguntei:

— Por que uma ateísta levaria os filhos à Escola Dominical?

— Porque sou uma boa mãe — respondeu ela. — Em nossa cultura não existe um lugar, fora de casa, onde as virtudes sejam consistentemente ensinadas, a não ser a igreja. Portanto, faço questão de que meus filhos estejam na igreja todos os domingos.

Se uma professora de psicologia ateísta reconhece a importância de se ensinar a virtude, quanto mais o devemos nós.

A igreja é um ótimo lugar para se ensinar virtudes, mas acredito que só fará efeito se for para reforçar o que já está sendo ensinado no lar. Eis algumas virtudes que pretendo ensinar aos meus filhos:

- Honestidade
- Coragem
- Bondade
- Paciência
- Fé
- Diligência
- Pureza
- Respeito
- Autodisciplina
- Compaixão
- Humildade
- Integridade
- Obediência
- Responsabilidade

Disciplinem seus filhos

Como pais, temos a responsabilidade de estabelecer regras, ensinar, proteger e guiar os filhos. Sem disciplina, nossos filhos correm o risco de se tornarem mimados, irresponsáveis, e até mesmo delinquentes. A disciplina traz a criança da imaturidade para a maturidade, e ajuda a evitar a tolice, os perigos e armadilhas da vida. Ela ensina que há regras a serem obedecidas, não importa a idade que se tenha, bem como consequências a serem pagas pela desobediência a tais regras.

Os pais que amam os filhos haverão de discipliná-los. Cada indivíduo tem uma perspectiva levemente diferente de disciplina, e grande parte disso deve-se ao modo como foram disciplinados na infância. Esta área pode ser altamente emocional, e por isso mesmo é muito importante que o casal trabalhe junto. Se uma criança percebe as diferenças no jeito de disciplinar, logo colocará os pais numa situação de bonzinho versus malvado, fazendo o possível para manipulá-los um contra o outro. Portanto, trabalhem juntos e estabeleçam as regras em conjunto, antes de comunicá-las aos filhos. Apoiem um ao outro diante das crianças, mesmo que não concordem. Quando surgirem diferenças de opinião, resolvam-nas em particular. Os filhos precisam ver as forças unidas, principalmente nesta área.

Cada casal tem o seu modo peculiar de exercer a paternidade, mas os pesquisadores classificaram as semelhanças em três estilos básicos:

1. *Estilo Maria-mole*. É o estilo onde há poucas regras, e estas são vagas e obscuras. Os filhos recebem muita liberdade e pouca supervisão. Eles manipulam as coisas e levam os pais na conversa sem nenhuma consequência.
2. *Estilo Militar*. É o extremo oposto do maria-mole. Há tantas regras severas, que é difícil viver sob elas e/ou obedecer-lhes. A disciplina é sempre dura e pode ser exercida em ira. Os filhos geralmente têm medo dos pais e podem achar que ficarão encrencados, não importa o que façam.
3. *Estilo Moderado*. É o resultado da combinação dos outros dois, e que se tem provado o mais eficaz. Nele, há regras claras, com calma, e consequências consistentes. Os filhos sabem o que esperar, e compreendem que os pais os disciplinam porque os amam.

Discutam o estilo moderado e descubram como podem utilizá-lo em equipe. Deixamos aqui dez pontos que poderão ajudá-los a serem bem-sucedidos nesta área.

1. Estabeleçam regras claras e apropriadas à faixa etária.
2. Expliquem as regras e o porquê de haverem sido estabelecidas.
3. Descrevam as consequências de se quebrar as regras.
4. Os filhos com mais idade podem participar do estabelecimento das consequências.
5. Façam os filhos repetir para vocês as regras e consequências estabelecidas.
6. Quando um filho quebrar uma regra, firmemente e sem ira, lembrem-no da regra e das consequências, e então apliquem a disciplina.
7. Se estiverem com raiva, não disciplinem até haverem se acalmado.
8. Depois de aplicada a disciplina, assegurem ao filho que vocês confiam nele e que têm certeza de que ele fará uma escolha melhor na próxima vez.
9. Digam ao filho que vocês o amam e deem-lhe um abraço. Se o filho não estiver pronto para isto, não o force.
10. Prossigam com a vida sem embaraçar a criança, trazendo novamente à luz a sua ofensa.

Protejam seus filhos

O mundo pode tornar-se duro muitas vezes. Ele é cheio de perigos, tentações, imoralidade e estupidez. Como pais cuidadosos, precisamos educar e advertir os filhos sem criar ansiedade e temores injustificados. No dia onze de setembro, de 2001, os terroristas sequestraram alguns aviões e amedrontaram os americanos, lançando as aeronaves contra o World Trade Center e o Pentágono. Naquela tarde, meus dois filhos foram ao quintal e cavaram um buraco bem fundo no solo argiloso, para servir-nos de proteção, caso a nossa casa fosse atingida por um avião.

Várias noites depois, ao passar pelo quarto de Dusty, que tinha na época oito anos, ouvi soluços abafados. Entrei e, sentandome em sua cama, indaguei: — Dusty, o que há de errado?

— Os aviões virão bombardear a nossa casa — soluçou ele.

Coloquei os braços à sua volta, enquanto ele me fazia perguntas, e respondi-lhe o melhor que pude. Depois de conversar e orar, perguntei-lhe se estava se sentindo mais seguro. Ele deu-me um sorriso nervoso e disse: "Acho que sim. Mas, posso ganhar mais um abraço?" Abraçamo-nos, e acho que os dois nos sentimos melhor. Uma de nossas principais tarefas paternas é tornar o nosso lar um porto seguro e fazer o que pudermos para proteger nossos filhos.

Vinte e cinco anos após havermos deixado o lar, meus três irmãos e eu frequentemente passamos algum tempo com nossos pais, nas praias de Mazatlan. Tornamo-nos uma grande família e reunimo-nos mensalmente. Como diriam os meus pais: "Uma vez pai, sempre pai — não importa a idade dos filhos". Juntos, eles nos criaram e exerceram muito bem a sua paternidade, e às vezes ainda sentem que devem exercê-la.

Alguém já disse que os maiores presentes que podemos dar aos filhos são raízes profundas e asas fortes. Embora eu concorde que estes sejam dois presentes de valor incalculável, acredito que o melhor que podemos lhes dar é o exemplo de um excelente matrimônio. Enquanto crescem, nossos filhos observam-nos trabalhando juntos e, assim, fixam o modelo que os ajudará a ser mais bem-sucedidos no casamento. Vendo-nos envelhecer de mãos dadas, eles vão recebendo uma herança que nunca será esquecida. Demos-lhes, pois, o nosso melhor presente, e ele retornará para nós em grande abundância.

Exercer a paternidade em conjunto — não importando o temperamento, as carências ou a idade de nossos filhos — construirá uma intimidade prática que causará admiração ao mundo.

Tarefas Domésticas

Detesto arrumar a cama.

Tami e eu temos uma cama *queen-size*, e quando tento arrumá-la sozinho, tenho sérios problemas. As cobertas caem demasiadamente para um dos lados; dou a volta ao leito e puxo-as, e aí elas caem demais para o outro lado. Então tenho de retornar ao lado original e tentar consertá-las.

Mas se Tami e eu arrumamos a cama juntos, conseguimos fazê-lo numa fração do tempo que levo para arrumá-la sozinho. E também temos a oportunidade de conversar e encorajar um ao outro no processo.

Vivemos numa cultura independente em que cada um deseja fazer as coisas a seu modo. Naturalmente, parecemos dividir as tarefas domésticas em "a lista dela" e "a lista dele". Raramente temos a "nossa lista" e, se a temos, ela é significativamente menor que as outras duas. Dividindo tanto assim o que fazemos, perdemos uma boa oportunidade de conectar-nos e partilhar a carga um com o outro. Fazer as tarefas juntos torna o serviço mais rápido e, frequentemente, mais fácil. Além disso, proporciona-nos uma boa conversa.

Há um grande poder em se fazer as coisas juntos. Então, limpem a casa juntos, pintem juntos a sala de estar, e lavem o carro em dupla. O lucro compensará o esforço.

Embora almejemos a intimidade prática, compreendo que ela nem sempre é o ideal na realidade como o é na teoria. Quando Tami e eu tentamos cozinhar juntos, nem sempre a experiência é positiva. Cada um ataca a tarefa de um modo diferente. Tami não usa receitas; ela ajunta os ingredientes a olho, e então arremessa as panelas e os pratos na pia. Quando a refeição fica pronta, o gosto é delicioso, mas a cozinha parece um desastre. Eu meço cuidadosamente cada ingrediente, sigo a receita nos mínimos detalhes, e vou lavando a louça enquanto cozinho. Quando a refeição fica pronta, não tem um gosto tão bom quanto a de Tami, mas a cozinha está mais limpa que quando comecei. Descobrimos bem cedo, em nosso matrimônio, que cozinhar juntos não é uma boa coisa para nós. Entretanto, conheço muitos casais para quem cozinhar em dupla é uma experiência maravilhosa.

Uma das razões de as tarefas caseiras sempre se tornarem ponto de frustração e conflito é que entramos no casamento com certas expectações. Leslie e Ricardo gostam muito de hortaliças. Na família de Leslie, o pai cuidava meticulosamente de uma horta, que produzia desde milho e tomates a pepinos e cenouras. Na família de Ricardo, quem cultivava a horta era a mãe. Quando se casaram, ambos esperavam que o outro formasse uma horta, que seria a inveja dos vizinhos. Contudo, nenhum dos dois tinha o desejo ou a habilidade para fazê-lo. Após três anos de tensão nesta área, eles decidiram partilhar a responsabilidade e ficaram surpresos ao descobrir que ambos tinham aptidão para o cultivo.

Muitas das tarefas domésticas parecem pequenas, mas quando as ajuntamos, elas tomam muito tempo e energia. Estabelecer quem faz o que em casa os poupará de muitas frustrações e desentendimentos. Algumas dessas tarefas podem pertencer a "ela" por causa do tempo, do interesse ou das habilidades, enquanto outras podem ser "dele" por razões semelhantes. Ao mesmo tempo, procurem fazer, lado a lado, o máximo possível destes trabalhos. Alistamos aqui as tarefas caseiras mais comuns.

> 1.Cuidar dos carros. 2. Lavar os banheiros. 3. Decoração. 4. Lavar louça. 5. Lavar roupa. 6. Espanar móveis. 7. Cuidar do entretenimento. 8. Fazer compras de mercado. 9. Lidar com a correspondência. 10. Passar roupa. 11. Manter a casa limpa. 12. Conservar o quintal em ordem. 13. Fazer reparos. 14. Fazer as malas para as férias. 15. Planejar as refeições. 16. Planejar as férias. 17. Preparar as refeições. 18. Comprar presentes. 19. Reciclar. 20. Responder a ligações e recados. 21. Agendar eventos. 22. Esfregar assoalhos. 23. Pôr o lixo fora. 24. Aspirar a casa. 25. Preparar a casa para o inverno.

Ao fazer esses serviços separadamente, não trate o seu cônjuge como se ele não estivesse fazendo mais que a obrigação. Expresse admiração, especialmente se for um trabalho difícil, que consuma o tempo, ou algo que ele não gosta de fazer. Quando o nosso cônjuge faz alguma tarefa, por menor que seja, ela torna a nossa vida mais fácil. É um ato de amor e compromisso. Reconheça-a como tal, e comunique o quanto você aprecia o seu trabalho e disposição para estas tarefas.

"Nem sei por que tento", desabafou Sherry. "Trabalho feito escrava o dia todo num escritório, e volto para casa a fim de cozinhar e limpar. Eu não me importaria de fazê-lo, se Thomas ao menos notasse o que faço. Não me importo se ele não ajuda. Desejo apenas que ele o note".

Quando expliquei a Thomas o que a sua esposa precisava, ele riu: "Cuidar da casa é trabalho feminino. Não tenho de ajudá-la ou agradecê-la. É assim que as coisas são".

Seis meses mais tarde, Sherry pôs Thomas para fora de casa. "É mais fácil limpar a sujeira de um que a de dois. Se ele não me ama o suficiente para apreciar o que faço por ele, acho que não temos muita coisa que justifique um relacionamento".

Após duas semanas morando sozinho e fazendo todo o serviço de casa, Thomas aprendeu a lição. Enviou a Sherry um lindo buquê e uma longa nota de agradecimento por tudo o que ela fazia na casa, a fim de torná-la um lar.

Agora, eles fazem as tarefas juntos, e ele nunca perde a oportunidade de mostrar-lhe apreciação. Sigamos o exemplo de Thomas: o marido reconheça o esforço da esposa, e ela reconheça o dele, cumprimentando-se mutuamente pelo que fazem. Podemos até mesmo fazer algo especial por nosso cônjuge, ou ao menos ser minuciosos com os agradecimentos e elogios.

Resumo

Alguns casais levam realmente a sério as tarefas práticas da vida; trabalham duro e orgulham-se de si mesmos. Outros fazem de tudo para adiar, ao máximo possível, estas tarefas e responsabilidades. E há casais em que um deles leva seriamente essas coisas, enquanto o outro é mais relaxado. Qualquer que seja o seu tipo, a intimidade nestes trabalhos normais e cotidianos faz uma grande diferença. Esta área não pode ser facilmente ignorada. As contas precisam ser pagas, os filhos devem ser alimentados, e a roupa, lavada. Outras áreas da intimidade podem ser ignoradas por curtos períodos, e o casal pode compensar as perdas. Na questão da intimidade prática, porém, as tarefas acumulam-se e não desaparecem. E com elas aumenta a frustração. Mas se fizermos regularmente, e em equipe, o que precisa ser feito, a vida transcorrerá muito mais suavemente.

Ao decidir partilhar as tarefas práticas, tenham o cuidado de fazer isso do modo mais justo possível. Se ambos os cônjuges trabalham em tempo integral, a divisão deve ser ajustada apropriadamente. Lembrem-se, contudo, que nem todas as tarefas são iguais.

Algumas são fáceis; outras, difíceis.

Algumas levam apenas alguns minutos; outras levam horas.

Algumas são feitas apenas uma vez ao ano; outras são repetidas diariamente, ou semanalmente.

Renegociem a divisão das tarefas periodicamente. Se, em um mês, ela aspira a casa e ele dobra as roupas lavadas, no mês seguinte ele deve aspirar, e ela, cuidar da roupa. Desse modo, ambos entenderão a demanda de cada serviço e desenvolverão uma grande apreciação pelo que o outro faz.

Embora a divisão das tarefas seja necessária em alguns casos, aproveitem toda oportunidade que houver para trabalhar lado a lado nos aspectos práticos da vida. Lavem a louça juntos. Façam o orçamento juntos. Trabalhem juntos no quintal, disciplinem os filhos juntos. Façam juntos o máximo de coisas possível, e enquanto se desincumbem das tarefas, desfrutem da companhia um do outro. Assim fazendo, não apenas realizarão os trabalhos necessários, como se aproximarão mais um do outro e fortalecerão o casamento.

Que oportunidade de ouro!

Projetos para a Cozinha

1. Sentem-se juntos e revejam a sua situação financeira. Se não têm um orçamento, façam um em conjunto. Então, descubram o que precisam fazer para viver dentro dele.

2. Vão juntos ao seu restaurante favorito, e discutam os Quatro Cestos Especiais. Cada um ouça atentamente as necessidades, preocupações e desejos de seu sócio financeiro.

3. Que metas gerais vocês dois têm para a família? Estabeleçam juntos cinco metas, escrevam-nas em um cartaz, coloquem numa moldura, e apresentem-nas aos filhos.

4. Deem uma olhada na lista das tarefas caseiras mais comuns. Assinale as que o seu cônjuge faz, as que são feitas por você, e aquelas que vocês fazem juntos. Surpreenda o seu cônjuge juntando-se a ele e transformando o máximo possível de tarefas "individuais" em tarefas "conjuntas".

5. Nesta semana, procure reconhecer o que o seu cônjuge faz. Elogie e agradeça-o, e depois faça algo especial para demonstrar o quanto você aprecia o trabalho dele.

4

A SALA DE JANTAR
Projetos Sociais

Antes de construirmos a nossa casa, já possuíamos a mesa de jantar. Não era uma mesa qualquer, para simplesmente fazermos as refeições. Era uma mesa incrível, feita com largas e sólidas pranchas de carvalho. Tinha três metros e meio de comprimento e fora construída por volta de 1880. Gostávamos tanto dessa mesa, que construímos a sala de jantar em torno dela. Na verdade, ela ocupava a sala inteira. Ao entrar em nossa casa, pare no hall de entrada e olhe à direita — lá está: a nossa sala de jantar e a nossa mesa de carvalho.

Cedo ou tarde, a maioria dos hóspedes acabam na sala de jantar. É um cômodo aconchegante — um lugar agradável onde se demorar. Em família, podemos comer na cozinha, divertir-nos com jogos na sala de estar, ou conversar no pátio. Mas quando recebemos amigos, somos atraídos à sala de jantar. Reunimo-nos à volta de nossa grande mesa e comemos, brincamos com jogos, ou simplesmente conversamos. Na maioria das vezes, fazemos as três coisas. Quase todas as semanas temos alguém sentado à nossa mesa; às vezes, por ser uma ocasião especial; outras, simplesmente para estarmos juntos. Um de nossos momentos favoritos é a noite de ano novo, quando convidamos três ou quatro casais, e passamos a primeira parte da noite comendo, brincando e conversando. Então, à meia noite, vamos para a varanda olhar os fogos de artifício. É um ótimo momento para conectarmo-nos aos amigos.

Tami gosta muito de ter gente por perto — quanto mais frequentemente, melhor. Eu gosto de gente, mas aprecio meus momentos de privacidade. Não obstante, Tami tem me ensinado a ser mais social, e temos formado um grande grupo de amigos maravilhosos. Agora, tanto quanto Tami, eu também convido pessoas a vir sentar-se à roda de nossa mesa de jantar. A nossa intimidade social tem crescido a cada ano de matrimônio. Talvez porque Tami seja uma ótima hospedeira e sempre cozinha alguma delícia para os convidados: biscoitos, brownies, tortas, bolos, o outra de suas muitas especialidades. Ou, talvez, porque tenhamos aprendido o quanto as pessoas são importantes para um bom casamento. Qualquer que seja a razão, poucas pessoas discutiriam o ponto de que relacionamentos saudáveis podem ajudar um casal a desfrutar os bons momentos e sobreviver aos tempos difíceis.

Então, segure a mão de seu cônjuge, convide outro casal, e sentem-se à mesa de jantar. Comam. Brinquem. Conversem. Não precisa ser uma ocasião especial. Apenas tem de acontecer. Casais positivos não apenas enriquecem-nos a vida, como fortalecem-nos o casamento.

Intimidade Social

Erica e Courtney cresceram ambos em Portland, Oregon. Tinham um forte apoio familiar e muitos bons amigos. Achavam-se inseridos num pequeno grupo em sua igreja, e saíam com alguns vizinhos uma vez por mês.

A vida era boa. Mas, então, a empresa onde Eric trabalhava transferiu-o para a Costa Leste. Dizer adeus aos amigos e à família foi a coisa mais difícil que Courtney teve de fazer. Com o passar dos anos, perdi contato com Eric e Courtney. Isto é, até alguns meses atrás.

— É o doutor Steve? — Indagou uma voz familiar, ao telefone.

— Sim. Em que posso ajudá-lo?

— Aqui é o Eric. Estou sozinho num quarto de hotel, segurando uma arma carregada junto à cabeça — confessou a voz trêmula. — Courtney e eu divorciamo-nos há seis meses. Estou muito solitário, e isso dói demais. Você foi a única pessoa para quem pensei em ligar".

— O que aconteceu para que as coisas chegassem a este ponto? — Indaguei.

Eric suspirou.

— Quando nos mudamos para o leste, foi muito difícil para Courtney. Ela sentia falta de Portland, e não conseguíamos arranjar amigos verdadeiros. Visitamos várias igrejas, mas não nos adaptamos a nenhuma delas. Tentamos nos aproximar de nossos vizinhos, mas eles já tinham os próprios amigos e achavam-se ocupados demais para nós. Courtney, finalmente, fez amizade no trabalho com algumas senhoras que haviam acabado de se divorciar. Elas não partilhavam a nossa fé, mas eu não queria complicar a situação. Fiquei contente por Courtney haver arranjado algumas amigas e voltado a sorrir.

— Entretanto, Courtney começou a afastar-se de mim. Após o trabalho, ela saía com as amigas e só voltava para casa lá pelas dez ou onze da noite. Falei a Courtney do meu desejo de passarmos mais tempo juntos, mas ela ficou brava e acusou-me de tentar controlar-lhe a vida. Então retraí-me, e passei a trabalhar cada vez mais, fazendo horas extras. Logo, o nosso relacionamento começou a esfacelar-se.

— Mas você e Courtney tinham um ótimo relacionamento, quando estavam aqui em Portland — observei.

— Aí, tínhamos amigos e familiares que se preocupavam com o nosso casamento. Contávamos com um sistema de suporte positivo — reconheceu Eric. — Estou convencido de que, se não tivéssemos nos mudado, ainda estaríamos casados hoje.

— Como pode ter tanta certeza?

— Um casal tem de ter algum suporte — admitiu Eric, enquanto as emoções o dominavam. — Um casal precisa de apoio.

Eric estava certo.

Todo casal necessita de pessoas dispostas a permanecer firmes ao seu lado. Intimidade social envolve conexão com outros que possam fortalecer-nos o matrimônio. A dificuldade é que vivemos numa cultura em que somos independentes demais. Tendemos a isolar-nos. Quando as coisas vão bem, achamos que não precisamos de ninguém. Quando as coisas não vão tão bem, não queremos incomodar os outros.

Eric sobreviveu à sua fase de desespero e, através dela, aprendeu o quanto as pessoas podem ser importantes. Ele retornou a Portland, onde foi saudado pela família e os amigos, e está tentando reconstruir a vida.

Se desejamos um matrimônio saudável, não podemos ignorar o lado social. Devemos considerar ao menos quatro aspectos da intimidade social.

Boas Amizades

Espero que o seu cônjuge seja também seu amigo. Na verdade, alguns dos melhores matrimônios desenvolveram-se da amizade. Contudo, ainda precisamos de amigos fora do casamento. Kahlil Gibran, o filósofo, escreveu: "Que haja espaços em sua intimidade". Estes espaços podem ser preenchidos por amizades saudáveis. Possivelmente, o seu cônjuge não poderá satisfazer todas as suas necessidades sociais e interativas; esperar por isso seria lançar uma carga injusta sobre o relacionamento.

Não obstante, precisamos ter em mente uma coisa: Os amigos devem aproximar-nos de nosso cônjuge, e jamais afastar-nos dele. Portanto, aconselho algumas precauções acerca de amizades fora do casamento. Guarde-se de amigos que:

- são negativos quanto ao casamento,
- não respeitam o seu cônjuge,
- acham que são melhores que o seu cônjuge,
- não gostam de estar com o seu cônjuge,
- têm um sistema de valores diferente,
- exigem demais do seu tempo,
- recebem muito mais do que dão,

- constantemente entram em crise,
- são do sexo oposto.

Tais amizades podem parecer inocentes, mas acabarão minando o nosso casamento ou, no mínimo, criando um nível de estresse desnecessário. Podem ser pessoas agradáveis, mas correm o risco de se tornar uma ameaça ao nosso cônjuge ou casamento. E lembremo-nos: o nosso cônjuge deve ter prioridade sobre todos os amigos, não importa há quanto tempo os conhecemos, ou o quanto apreciemos estar com eles.

Amizades saudáveis e não ameaçadoras são contributivas para um bom casamento. Minha esposa Tami relaciona-se com um grupo de mulheres, que ela conhece desde os tempos escolares. Uma vez por mês, ela reúne-se também com oito senhoras de nossa antiga vizinhança. Parece que todos os dias Tami passa algum tempo com uma amiga ou duas. Se não as encontra pessoalmente, fala com elas ao telefone. Estas amizades encorajam e energizam a minha esposa. Elas enriquecem-lhe a vida e suavizam-nos o casamento.

Certo dia, Tami avisou-me que diversas de suas amigas mais chegadas estavam viajando. — Você está pronto? — Inquiriu-me ela.

— Pronto para o quê?

— Preciso que você converse comigo bem mais do que faz normalmente — explicou Tami. — Precisarei de mais tempo, atenção e encorajamento.

Senti-me grato por ela ter avisado. Sem as amigas, as suas expectativas em relação a mim aumentaram. Os amigos proveem lugar para desabafar as frustrações, checar as percepções, falar de coisas que não entusiasmam ao cônjuge e participar de atividades pelas quais ele não se interesse.

Apoio as amizades saudáveis de Tami, e ela também encoraja-me a sair com os meus amigos. Isso nos fortalece o relacionamento e leva-nos a apreciar ainda mais um ao outro. A nossa intimidade é algo prioritário, mas não precisa minimizar o valor das boas amizades. Após algum tempo com os amigos, ambos reabastecemo-nos com renovada união e um senso de intimidade mais forte. Os amigos são importantes por que:

- riem conosco,
- choram conosco,
- constroem memórias conosco,
- ficam ao nosso lado,
- confrontam-nos,
- acreditam no melhor de nós,
- ajudam-nos a crescer,
- impedem-nos de cair em tentação,
- e enriquecem-nos a vida.

Amigos individuais são uma coisa boa, mas amigos partilhados são inestimáveis. Eles tornam-se o nosso sistema de suporte conjugal.

Sistema de Suporte

Todo casal precisa de outros casais com quem interagir. Casais amigos podem mostrar-nos o que é normal, saudável e positivo num relacionamento. Podem prover-nos um contexto seguro para verificarmos o que está ou não funcionando em nosso casamento.

Tami e eu temos alguns casais com quem nos reunimos regularmente. Com Dan e Sue, Todd e Mônica, Dan e Shanni, conversamos sobre criação de filhos. Vamos ao cinema com Roy e Joyce, e jogamos com Gary e Debra. Nas noites de domingo, formamos um grupo de cinco casais na igreja. Mensalmente, saímos para jantar com outros três casais. (Faz vários meses que não fazemos nada na companhia de Monte e Tammy; acho que precisamos combinar alguma coisa logo.)

Estes casais são o nosso sistema de suporte, e vice-versa. Cada um deles é único, mas há importantes similaridades. Num sistema de suporte positivo, nós:

- respeitamos um ao outro,
- respeitamos o casamento,
- partilhamos a mesma fé,
- temos valores comuns,

- podemos ser sinceros,
- podemos ser nós mesmos,
- e temos ao menos alguns interesses em comum.

Com estes casais apoiadores, podemos aprender de seus sucessos e fracassos, enquanto imitamos os seus pontos fortes e evitamos os fracos. Assim fazendo, amadurecemos como casal, como cônjuge e como pessoa. Aprendendo uns com os outros, obtemos uma perspectiva sólida e saudável em muitas áreas. Um sistema de suporte dá exemplo de:

- honestidade,
- sensibilidade,
- respeito,
- encorajamento e empatia,
- comunicação,
- solução de problemas,
- intimidade,
- romance,
- comprometimento.

Um bom sistema de suporte mantém-nos no curso. Os outros casais dão-nos exemplos de como lidar com as dificuldades que desafiam todo relacionamento, e ajudam-nos a corrigir o curso quando descobrimos que, de algum modo, desviamo-nos dele. Sem este sistema de apoio, muitos casais têm se perdido em tragédias e sofrimentos. Com ele, dispomos de uma proteção de que nunca nos arrependeremos.

Grupos de Prestação de Contas

Os casais podem prestar conta de seus atos um ao outro, mas quando homens reúnem-se com homens, e mulheres com mulheres, a discussão pode aprofundar-se. Quando desafiados pelo cônjuge, ou por alguém do sexo oposto, tendemos a ficar na defensiva. De um amigo, porém, somos capazes de ouvir as mesmas coisas e aceitá-las. Carecemos de um pequeno grupo do mesmo sexo, que nos confronte, admoeste, advirta, encoraje, e nos peça conta das coisas que sabemos que deveríamos, ou não, fazer.

Os rapazes reúnem-se e, mutuamente, fazem-se algumas indagações duras. Eis aqui dez perguntas por onde começar.

1. Você saiu com sua esposa para um programa romântico esta semana?
2. Quando foi a última vez em que você perdeu a paciência?
3. Qual a sua maior luta esta semana?
4. O que foi que você falou, ou fez, esta semana, que desejou não ter dito ou feito?
5. Como você demonstrou a sua esposa, recentemente, que ela é especial?
6. Que shows ou filmes você tem visto na TV ultimamente?
7. Qual o site mais questionável que você já visitou na internet?
8. Como está a sua caminhada com Deus?
9. A quem você evitou, negligenciou, menosprezou, ou ofendeu nesta semana?
10. Como a sua esposa avaliaria o seu casamento hoje?

Pergunta de bonificação: Você minimizou ou manipulou alguma das respostas acima?

Agora, meninas, a sua vez. Reúnam-se com algumas amigas, e façam umas às outras algumas perguntas difíceis. Eis aqui dez questões aprovadas por Tami.

1. Qual a pior atitude que você teve esta semana?
2. Quantas vezes você murmurou ou fofocou esta semana?
3. Há alguém com quem você deva desculpar-se?
4. Quantos minutos você passou orando por seu esposo na última semana?
5. O que você frequentemente tem contra o seu esposo, e por quê?

6. O que você precisa fazer a fim de preparar-se para perdoá-lo?
7. O que você tem feito, ultimamente, para encorajar e edificar ao seu esposo?
8. O que você leu ou assistiu na TV, nesta semana?
9. Você tem buscado atenção ou aprovação em locais e em modos que não são os melhores?
10. Há algum pecado inconfesso em sua vida, nesta semana?

Pergunta de bonificação: Quais de suas respostas acima foram menos que totalmente honestas?

Não se sintam limitados por estas questões. Façam as suas próprias. Criem novas perguntas e deixem de lado aquelas que não se aplicam a vocês. O importante é que se examinem a fundo e estejam abertos ao desenvolvimento. Um grupo de prestação de contas, que se encontre regularmente e não tenha medo de ser honesto — às vezes, brutalmente honesto — pode fazer maravilhas pelo crescimento de seu matrimônio.

Casais Conselheiros

Todos precisamos de um casal mentor. Tem de ser um casal a quem possamos respeitar, e que mostre um nível de maturidade capaz de fazer dele um bom guia. Não precisa ser um par perfeito, mas tem de saber como caminhar junto através das passagens difíceis. Esse casal pode ensinar-nos, por palavras e exemplos, como ser bem-sucedido. Ambos sabem o que conserva unido um casal, e o que o separa. Quando busco um bom casal conselheiro, procuro as seguintes qualidades:

- Estão casados há dez anos ou mais.
- São comprometidos um com o outro.
- Têm habilidade para resolver conflitos.
- Sabem comunicar o conhecimento que possuem.
- Desejam crescer espiritualmente, e são ativos na busca deste crescimento.

Em toda a Escritura, temos exemplos de homens mais velhos e maduros caminhando com alguém jovem. Moisés foi o mentor de Josué, Eli ensinou Samuel, Elias foi um modelo para Elizeu e Paulo guiou Timóteo. Todos necessitamos de ajuda. De igual modo, Tito 2.4 manda que as mulheres mais velhas "ensinem as mais jovens a amar seus maridos e filhos".

Faz sentido unir aqueles com mais experiência e sabedoria aos que estão apenas começando, ou aos que se acham em dificuldade. Na verdade, eu encorajaria o uso de um casal mentor durante o noivado, os primeiros anos de casamento, os conflitos e as dificuldades de comunicação, os períodos de desconexão emocional e em qualquer tempo em que se deseje aumentar a aproximação.

Mike McManus, o fundador do *Marriage Savers*, afirma que "o maior recurso armazenado para salvar casamentos são os casais com um matrimônio sólido, que possam partilhar sua vida e experiências". De fato, Mike e sua esposa, Harriet, têm aconselhado pessoalmente mais de cinquenta casais. "Algumas noites de nossas vidas são uma doação pequena, mas podem ser a mudança de vida para um casal", comenta Harriet. "E é também um dos poucos ministérios que marido e mulher podem exercer juntos".

O aconselhamento salva matrimônios. Se vocês são um casal jovem e em conflito, arranjem um casal conselheiro. Procurem um par com experiência, integridade, disponibilidade e um bom relacionamento. Se vocês formam um casal maduro e têm um sólido matrimônio, considerem ser um casal mentor. Vocês não precisam saber todas as coisas; basta que sejam honestos, leais ao compromisso e dispostos a partilhar. Coisas que vocês aprenderam ao longo dos anos, e que lhes parecem óbvias, podem não ser tão óbvias a outrem. As gerações mais velhas têm muito a oferecer. Elas podem e devem treinar as gerações jovens. Por meio disso, a sabedoria, o conhecimento e a estabilidade são passados a outros. Dessa forma, os casamentos são fortalecidos, sustentados e, esperançosamente, salvos.

Contudo, há desafios ímpares, que tornam alguns casamentos mais difíceis. Ao topar com estes desafios, muitos casais preferem desistir e, imediatamente, instaurar o divórcio.

Não tem de ser assim.

Há esperança.

Muitos casais enfrentaram os mesmos desafios e sobreviveram. Alguns dos maiores desafios são:

- infidelidade,
- morte de um filho,
- infertilidade,
- famílias misturadas,
- filhos rebeldes,
- vícios,
- depressão profunda,
- ruína financeira,
- problemas de saúde opressivos,
- ira explosiva.

Todos estes desafios — e outros ainda — podem ser trabalhados. Não é fácil. Não acontece rapidamente. Mas o seu matrimônio pode sobreviver. Não obstante, há varias coisas que vocês devem fazer, e ambos devem estar dispostos a entrar em ação.

- Lidar com as questões de mudança.
- Responsabilizar-se por sua parte na dificuldade e mostrar arrependimento genuíno.
- Deixar atrás o passado e ir adiante, a fim de fazer uma nova vida juntos.
- Fortalecer a sua confiança em Deus.
- Fazer entre si um compromisso mais profundo e menos egoísta.
- Procurar um casal conselheiro, que haja sido bem-sucedido ao enfrentar um desafio semelhante ao que vocês estão experimentando.

Mas, o que fazer com um casal mentor? Reunir-se com eles regularmente e partilhar os conflitos mais duros. Expor honestamente as frustrações e as lutas. Não fingir saber tudo. O fingimento somente servirá para manter vocês empacados onde estão. Sei que é embaraçoso partilhar coisas pessoais, mas é assim que se dá o crescimento. Depois que expuserem tudo, ouçam.

Deixem o casal conselheiro fornecer-lhes insights de seus anos de experiência.

Vocês terão momentos prazerosos.

Aprenderão coisas que nunca imaginaram.

Fortalecerão o matrimônio.

Portanto, consigam um casal mentor, ou sejam vocês mesmos.

Resumo

Anos atrás, John Donne escreveu um famoso poema com a frase: "Nenhum homem é uma ilha". Ele estava certo! Todos necessitamos uns dos outros. Adão precisou de Eva, Moisés precisou de Arão, Davi precisou de seus homens valentes e Neemias precisou de cidadãos trabalhadores para reconstruir os muros da cidade. Todos carecemos de interação social, admitamos ou não.

"Não deixemos de nos reunir", incentiva o autor de Hebreus (10.25).

Por quê?

Porque a união encoraja, fortalece, ensina, mantém-nos no curso e recorda-nos o que é certo.

Sempre me intrigou o modo como os casais desconectam-se socialmente antes de divorciar-se. É como se eles soubessem que serão interrogados, e talvez até desafiados, por aqueles que se importam. Então é mais fácil simplesmente distanciarem-se das pessoas. Quando o casamento de Ben passou por dificuldades, ele parou de conversar com os amigos. Ben temia que não fossem simpáticos a suas ações. E também deixou de despender tempo com o seu sistema de suporte. Receava que não concordassem com ele, e que tomassem o partido de Anna, sua esposa. E então começou a faltar às reuniões de seu grupo de prestação de contas. Ele sabia que seria confrontado com o seu problema de egoísmo e ira. Quando Anna sugeriu que chamassem o casal conselheiro que eles tinham na igreja, Ben deu uma risada e saiu pisando duro.

Seis meses mais tarde, Ben e Anna divorciaram-se.

Ben fora como um navio numa terrível tempestade. Em vez de permanecer no porto com os outros navios, cortou as amarras e deixou-se à deriva no mar. Sem proteção adequada, foi batido pelo vento e pelas ondas até afundar.

As tempestades sobrevirão ao seu casamento, mas não sejam tolos como Ben. Não se separem das boas amizades, dos sistemas de suporte, dos grupos de prestação de contas, ou dos casais mentores. Eles podem ser exatamente o que vocês precisam para proteger o seu matrimônio.

Sem eles, cedo ou tarde, o vento e as ondas farão o seu estrago. O seu navio outrora valioso afundará, e tudo o que vocês possuíam acabará fora do seu alcance, nas obscuras águas do remorso.

Projetos para a Sala de Jantar

1. Avaliem todos os seus amigos, determinando se são amizades saudáveis ou doentias.

2. Encorajem um ao outro a reunir-se com os amigos do mesmo sexo ao menos uma vez ao mês.

3. Convidem outro casal com valores comuns, e de quem vocês gostem, para visitá-los em casa regularmente.

4. Junte-se a um grupo de prestação de contas, e veja se o seu cônjuge está disposto a fazer o mesmo. Se não houver esse grupo, comece um. Uma vez encontrado o seu grupo, faça perguntas difíceis e seja verdadeiro.

5. Encontrem na igreja, ou comunidade, um casal a quem vocês realmente respeitem, e convidem-no a jantar fora. Se vocês estão casados há menos de cinco anos, e têm algum problema não resolvido, peçam-lhe que seja o seu casal conselheiro.

6. Se vocês estão casados há mais de 15 anos, e possuem um matrimônio estável, considerem ser um casal mentor.

5

A SALA DE ESTAR
Projetos Recreativos

Após um árduo dia de trabalho, gosto de chegar a casa, arrancar os sapatos e sentar-me na grande poltrona de nossa sala de estar. Ponho os pés em cima da otomana, ligo a TV, e relaxo. Tami vem e senta-se em meu colo. Este é o lugar onde podemos relaxar. Raramente fazemos algum trabalho nesta sala. É um aposento reservado para rir, brincar, divertir-se, e simplesmente nos reunirmos.

Tami e eu temos uma aconchegante sala de estar. Nela há uma grande poltrona, um sofá confortável, e um armário com uma TV e um DVD embutidos. É uma sala de estar simples, mas gostamos muito dela. Conheço casais que enchem a sala de estar com objetos que vão de equipamentos de ginástica a máquinas de fliperama e mesas de pingue-pongue. Um desses casais tem até uma cama elástica na sala de estar. Todas estas coisas são interessantes, porque proporcionam diversão.

Vários anos atrás, nossos filhos convenceram-nos a comprar um *GameCube*. Agora temos competições semanais de videogame. Rimos e torcemos um pelo outro, mas eu sempre perco. Contudo, temos grandes momentos. No hall ao lado da sala de estar, fica o armário de jogos. Nos dias chuvosos de inverno, acendemos o fogo, Tami faz chocolate, e pegamos nossos jogos favoritos: Banco

Imobiliário, Vida, Batalha-Naval, e outros semelhantes. Sentamo-nos no assoalho, de pernas cruzadas, e as horas voam enquanto rimos, pilheriamos, e damos o melhor de nós para ganhar. Como você já deve ter percebido, Tami e eu temos um lado competitivo. Ambos gostamos de vencer, mas nunca nos esquecemos de que o propósito de nossos jogos é desfrutar do tempo passado juntos.

A televisão pode ser perigosa ou um enorme desperdício de tempo. Contudo, não precisa ser nenhuma das duas coisas. Em muitos lares, a TV é o móvel principal da sala de estar. Escondemos a nossa dentro do armário e, assim, só a assistimos se realmente tivermos a intenção de fazê-lo. A cada ano, Tami e eu escolhemos um show para ser o "nosso show". Aconchegamo-nos no sofá e assistimos ao "nosso show" juntos — discutindo os personagens, antecipando o que acontecerá, e relembrando os episódios anteriores. Em muitas semanas, temos também a noite do DVD, em que pegamos um filme clássico ou moderno, e desfrutamos de um "encontro em casa". Preparamos uma tigela de pipoca, passo o braço à volta de minha bela esposa, e assistimos ao nosso filme até altas horas da noite.

A sala de estar é um aposento maravilhoso. Cheia de diversão, animação e atividade, ela é um de meus aposentos favoritos; um ambiente onde se constrói memórias positivas, e a intimidade recreativa floresce.

Intimidade Recreativa

Como vocês dois se conheceram?

Onde foi o seu primeiro encontro?

O que vocês gostavam de fazer quando estavam se conhecendo?

Quando você compreendeu que esta era a pessoa certa para você?

Adoro fazer esse tipo de pergunta aos casais. Quando eles respondem, seus olhos faíscam, e um sorriso levanta-lhes os cantos da boca. Estas primeiras recordações são, geralmente, uma das maiores riquezas. São cheias de alegria e riso, diversão e relaxamento, encontros românticos e aventuras partilhadas. São o que eu chamo de intimidade recreativa.

Interessa-me o modo como a intimidade recreativa atrai dois estranhos para o casamento. Então, à medida que crescem o estresse e as responsabilidades, a recreação é uma das primeiras coisas postas de lado. Simplesmente, parece não haver tempo, dinheiro, ou energia para fazer o que vocês faziam. Assim, as coisas que os aproximaram são agora ignoradas. Não é de admirar que um casal após o outro venha ao meu consultório, dizendo haver perdido a magia, a paixão e, talvez, até o amor que já tiveram.

"Vocês não os perderam", digo com um sorriso. "Só não estão cuidando deles. Voltem às coisas que vocês faziam quando se conheceram, e a centelha retornará".

Tentem, e surpreender-se-ão! Os cinco aspectos da intimidade recreativa incluem esportes, relaxamento, diversão e riso, encontros semanais, e "fugidinhas". Experimentem uma ou duas dessas coisas, e logo serão convencidos. Antes de perceber, estarão fazendo todas as cinco. E, prometo: nunca se arrependerão.

Esportes

Debbie e Jim jogavam tênis, juntos, quatro ou cinco vezes por semana, antes de se casarem. Ambos eram competitivos e excelentes jogadores. E também formavam uma dupla bem equilibrada: nenhum dos dois era o vencedor constante. Seis anos depois, acharam-se em meu consultório, discutindo sobre quem assistia mais TV.

— Quantas vezes vocês jogaram tênis, desde o casamento?
— Indaguei.

O casal interrompeu a discussão e fitou-me.

Encarei-os de volta, esperando uma resposta.

— Mais de dez e menos de trinta — contou Jim.

— Isto é mal.

— Por que isso? — Inquiriu Debbie.

— Porque se vocês empregarem no tênis toda a energia que despendem brigando, aposto que seria um jogo incrível.

Duas semanas mais tarde, Jim agradeceu-me por ajudá-los a redescobrir seu esporte.

— Assim que pisamos na quadra, tivemos um momento tão especial, que esquecemos nossas discórdias insignificantes.

Envolver-se juntos num esporte renova o vigor do relacionamento. Seja algo vigoroso, como o futebol, ou mais suave, como uma caminhada, existe um esporte para todo casal. E não é saudável apenas para o casamento; é saúde individual também.

Uma pessoa fisicamente ativa:

- sente-se melhor,
- lida melhor com o estresse,
- fica forte,
- dorme melhor,
- é mais afável,
- reduz a ira,
- atrai outras pessoas,
- vive mais.

Cada indivíduo tem seus esportes favoritos. Tami aprecia boliche, cavalgada, golfe e futebol. Eu gosto de basquetebol, ciclismo, natação e esqui aquático. Ambos encorajamos um ao outro em seus esportes individuais. É divertido ver Tami no campo de futebol, dando tudo de si. E ela me dá apoio quando entro em casa mancando, depois de um agressivo jogo de basquete. Contudo, a diversão maior vem quando me junto a ela no boliche ou na cavalgada, ou quando ela me acompanha na bicicleta ou no esqui aquático.

Temos grandes momentos no esporte. Quando começamos a namorar, tentamos o surfe, mas o meu equilíbrio não era tão bom quanto o de Tami. Eu passava a maior parte do tempo na água, enquanto ela deslizava pela superfície, rindo de minhas quedas. Adoramos caminhadas, e no Pacífico Noroeste, não estamos longe de lugares cheios de beleza. Então, percorríamos a praia, subíamos ao topo das Multnomah Falls, ou caminhávamos através das artemísias do deserto. Outra atividade que compartilhávamos era o mergulho. Juntos, maravilhávamo-nos com o colorido subaquático do St. Tomas, éramos ferroados pelas minúsculas água-vivas de Puerto

Vallarta, e alimentávamos os peixes com ervilhas congeladas, em Hanama Bay, em Oahu.

Tami e eu já fizemos canoagem, patinamos no gelo, jogamos voleibol, e esquiamos (montanha abaixo e através dos bosques). Mas uma de minhas recordações prediletas é a de pegar ondas numa prancha, no México. A água estava morna, e o céu, azul. Foi um dia perfeito. Nadamos no Oceano Pacífico, cerca de 200 pés mar a dentro, e tentávamos pegar as maiores ondas, pouco antes que se quebrassem sobre nós. A diversão era grande, mas era-nos difícil apanhar a mesma onda. Repentinamente, uma enorme onda rolou em nossa direção. Posicionamos nossas pranchas e preparamo-nos para impulsionar no momento exato. Um instante antes que a onda se quebrasse, impulsionei e peguei-a. Eu me achava no ponto perfeito, cavalgando a crista de uma onda gigante, quando, olhando por cima do ombro, vi Tami a um metro de mim, cavalgando a mesma onda, com a mesma emoção. O momento foi inestimável e inesquecível. Ambos sorrimos e firmamo-nos em nossas pranchas por amor à vida, até que o mar arremessou-nos, não tão gentilmente, sobre a areia. Naquele curto trajeto sobre as ondas, a nossa intimidade recreativa fora impecável.

Há outros esportes que apreciamos praticar juntos, como o golfe e a caminhada na neve, com raquetes. Contudo, há certos esportes que eu não desejo praticar com Tami, nem com qualquer outra pessoa. Voo com planador e caçada são dois esportes que não se ajustam à minha personalidade. A ideia de planar nas alturas, pendurado num frágil dispositivo, ou apontar uma arma para um animal inofensivo não me desperta qualquer entusiasmo. Desde que não seja um desses dois, acho-me aberto a tentar a maioria dos esportes, ao menos uma vez. Alisto aqui algumas atividades atléticas que vocês podem querer experimentar juntos.

1. Ginástica 2. Arco e flecha 3. Basquete 4. Vôlei 5. Caminhada 6. Ciclismo 7. Corrida 8. Canoagem e caiaque 9. Pescaria 10. Natação 11. Escalada 12. Hidroginástica 13. Cavalgada 14. Mergulho 15. Remo 16. Velejar 17. Campismo 18. Surfe 19. Esqui 20. Golfe.

Relaxamento

Praticar esporte é divertido, mas às vezes desejamos sentar e recuperar o fôlego. Gosto muitíssimo de atividades, mas de vez em quando acho agradável simplesmente relaxar. Nesses dias, preferimos assistir esportes a praticá-los. No início de nosso casamento, Tami sabia que eu gostava de basquete, mas não se sentia pronta a entrar na quadra e participar de um jogo bruto, comigo e meus irmãos. Desejando, porém, alguma intimidade recreativa, ela começou a assistir ao Portland Trailblazer em minha companhia. Ela aprendeu as regras do basquetebol, e comentava sobre os jogadores, além de torcer por nosso time familiar. Juntos, relaxávamos e tínhamos um bom momento. Contudo, depois de duas ou três temporadas, Tami tornou-se uma fã mais animada que eu. Agora, toda vez que o time de Portland joga na TV, ela assiste, e eu sento-me agradecido ao seu lado.

Em nosso mundo frenético e apressado, sempre em movimento, não relaxamos tão frequentemente quanto deveríamos. Até o Senhor Deus descansou no sétimo dia, após haver criado os céus e a terra. Quando as multidões e as pressões da vida se apinhavam em torno de Jesus, ele convidava os discípulos: "Vinde repousar um pouco, à parte, num lugar deserto" (Mc 6.31). Em muitas ocasiões, eu gostaria de virar-me para Tami e dizer-lhe palavras semelhantes: "Deixe o que está fazendo, e venha comigo a um lugar tranquilo, onde possamos ter algum descanso e relaxar".

Quando estamos sempre na correria, fica difícil conectar-nos. Quanto mais corremos, mais superficial se torna o nosso relacionamento. Para uma verdadeira comunhão, é preciso diminuir o ritmo e olhar um para o outro. É difícil enxergar, quando a vida é um borrão. Também carecemos de tempo para, cuidadosamente, ouvir as palavras, os sentimentos, e as preocupações da pessoa a quem amamos.

Quando estou apressado, distraído, ou desinteressado, posso folhear um livro e ter uma noção do conteúdo, mas isso não me dará o compasso do coração do autor. No entanto, se eu pegar um livro que me foi altamente recomendado por alguém em quem confio, tratarei de lê-lo devagar e intencionalmente.

Dedicarei meu tempo, saborearei cada sentença, e ponderarei cada página. Ao término da leitura, terei a sensação de conhecer o autor. Em nossos momentos com o cônjuge, frequentemente deslizamos pela superfície, perdendo muito da alegria e do significado que poderiam ser nossos. Rogo-lhe que diminua o ritmo e saboreie o relacionamento. Deixe-me sugerir algumas maneiras de desacelerar.

1. Não usem relógio.
2. Façam apenas uma coisa de cada vez.
3. Declarem jejum da mídia:
   Sem TV
   Sem rádio
   Sem CD player ou toca-fitas
   Sem telefone
   Sem computador ou videogames
4. Concentrem-se em cada momento individual.
5. Tirem uma soneca, façam uma caminhada, tomem um banho (ou as três coisas).
6. Deixem o dia estabelecer o próprio passo.
7. Desfrutem as pequenas coisas:
   Observem os detalhes
   Ouçam os ritmos
   Toquem as texturas
   Apreciem as maravilhas
   Sintam as nuances dos cheiros
8. Reconheçam o milagre um do outro e aproveitem cada segundo juntos.

Todos temos algum hobby. São aquelas atividades que ajudam a relaxar, trazem-nos alegria, e distraem-nos do estresse e preocupação do cotidiano. Na maioria das vezes, praticamos o nosso hobby sozinhos ou com um amigo do mesmo sexo. Não obstante, quero sugerir-lhes que desenvolvam um *hobby* conjugal. Conheço um casal que faz palavras cruzadas, juntos, todas as manhãs. Outro se diverte com jogos educacionais todas as noites, quando o marido retorna do trabalho.

Partilhar um *hobby* aproxima o casal. Quando Tami e eu éramos namorados, jogávamos videogame juntos. Nos últimos anos, Tami desenvolveu o *hobby* da jardinagem. Na primavera e no verão, ela fica no quintal, cuidando de suas flores. Um de meus *hobbies* é ler, e eu gosto de passar o começo da noite absorto em um bom livro. Com o tempo, aprendemos a partilhar nossos hobbies: passamos as tardes ensolaradas podando plantas, e o anoitecer, deitados de costas, virando páginas. Cícero, o grande filósofo romano, escreveu que as únicas coisas de que uma pessoa necessita são um jardim e uma biblioteca. Tami e eu concordaríamos, com uma adição significativa: que a pessoa tenha alguém com quem partilhar estes dois lugares especiais. Se vocês têm algum hobby, chutem os sapatos e pratiquem-no juntos. Se não têm, deem uma olhada na lista abaixo e experimentem alguns.

> 1. Animais 2. Antiguidades 3. Artes plásticas 4. Astronomia 5. Remo 6. Caligrafia 7. Campismo 8. Carros 9. Cerâmica 10. Moedas 11. Coleções 12. Comédia 13. Computadores 14. Cozinhar 15. Enxerto em plantas 16. Palavras Cruzadas 17. Decoração/Design 18. Desenho 19. Hospitalidade/entretenimento 20. Arranjo floral 21. Jardinagem/paisagismo 22. Geologia/rocha 23. Assopro de vidro 24. Quebra-cabeça 25. Diário 26. Aeromodelismo 27. Música 28. Natureza 29. Origami 30. Pintura 31. Fotografia. 32. Acolchoamento 33. Leitura 34. Escultura 35. Costura 36. Compras 37. Pintura em vidro 38. Crochê/Tricô 39. Trabalho voluntário 40. Tecelagem 41. Marcenaria 42. Bordado. 43. Pátina 44. Mosaico.

Diversão e Riso

"Goza a vida com a mulher que amas..." (Ec 9.9a), sugeriu o rei Salomão, um dos maiores sábios que este mundo já conheceu. Entretanto, a maioria dos casais trabalha tanto, que não chega a desfrutar de fato as alegrias da vida a dois. Sentem que se não estiverem fazendo algo útil, estão desperdiçando o tempo. Sigmund Freud, o pai da psicanálise, observou que as pessoas mais saudáveis sabem como trabalhar duro e como se divertir com igual empenho. A brincadeira é um aspecto do amor frequentemente esquecido. Os casais que sabem brincar e divertir-se juntos desenvolvem um vínculo que pode mantê-los através dos tempos mais difíceis.

Ontem à tarde, as crianças da vizinhança tiveram uma grande guerra de água, usando balões e pistolas d'água. As mangueiras foram esticadas para a rua, e os baldes foram cheios até transbordar. A meninada perseguia-se e ensopava-se mutuamente, rindo o tempo todo e desfrutando de um grande momento. Enquanto eu olhava, fui atingido pela compreensão de o quão naturalmente as crianças sabem brincar e se divertir. Nós adultos parecemos haver perdido a capacidade de brincar. Até uma diversão tem de ser planejada, orçada e agendada. Para as crianças, no entanto, o divertimento está sempre às portas. Elas podem tê-lo a qualquer momento e em qualquer lugar: caixas de papelão, bolhas, poças de lama, areia, calçada e giz, ou um pedaço de barbante. Os adultos podemos aprender muito com a meninada.

"Diversão é assunto sério", escreveram Dave e Claudia Arp, autores de best-seller sobre vida conjugal. Alguns de meus momentos prediletos com Tami têm sido os de diversão "séria". Já construímos castelos de areia em Cannon Beach e casas de bolo de gengibre em nossa cozinha. Já jogamos banco imobiliário junto à lareira e voleibol sob o sol de verão. Temos nos divertido de mil maneiras, porque diversão não é apenas o que fazemos; é um estado de espírito, com disposição para a brincadeira. Podemos divertir-nos em qualquer lugar e a qualquer hora.

Uma boa parte da diversão e da brincadeira é o riso. No clássico *Mary Poppins*, há uma linda canção intitulada: "Adoro rir". Só de ouvir essa música sinto vontade de gargalhar. A maioria de nós precisa aprender a rir, porque a risada aproxima um casal, e é capaz de cortar as tensões possíveis em qualquer relacionamento.

No inverno passado, Tami e eu levamos nossos três filhos ao Disney World. No voo de volta, exibiram um seriado engraçado da TV. De algum modo, aquele show atingiu a minha veia cômica, e eu ri até as lágrimas escorrerem-me pela face. Quanto mais eu tentava controlar-me, mais eu ria. Olhando à volta para ver se os demais passageiros também estavam rindo, fiquei aliviado ao constatar que sim. Mas eles não estavam olhando para a tela da TV. Estavam olhando para mim.

Gosto muito de rir, especialmente com Tami. Procurem algo que lhes toque a veia cômica e riam juntos. Perguntem um ao outro o que pode levar os dois a rir. Qual é o show de TV, a anedota, o filme, a lembrança, a atividade, ou a história que vocês acham mais divertido?

Na carta aos Gálatas, há uma lista de nove características positivas do fruto do Espírito. A segunda na lista, logo depois do amor, é a alegria. Todos precisamos de mais alegria, e com ela vêm a diversão e o riso. Outro dia, eu estava conversando com um jovem casal, e eles concordaram que careciam de mais diversão. "Mas por onde começarmos?" Inquiriram. Deixo aqui algumas ideias para colocá-los na direção certa.

> 1. Assem biscoitos juntos. 2. Vende os olhos de seu cônjuge e leve-o a algum lugar especial. 3. Assoprem bolhas. 4. Coletem pedras, conchas, etc. 5. Contem as bênçãos. 6. Criem figuras de bichos com balões de gás. 7. Desenhem e pintem. 8. Vistam suas roupas mais bonitas para não ir a lugar algum. 9. Façam pintura a dedo. 10. Façam guerra d'água. 11. Pratiquem arremesso de ovos. 12. Façam beijoterapia. 13. Imitem as pessoas mais divertidas que vocês conhecem. 14. Riam até sentir dor do lado. 15. Ouçam o seu CD favorito. 16. Façam caretas. 17. Façam amor à luz de velas. 18. Façam o maior sundae que puderem. 19. Plantem um jardim. 20. Decifrem charadas. 21. Joguem bola de gude ou peteca. 22. Brinquem de esconde-esconde. 23. Deixe um bilhetinho de amor onde o seu cônjuge possa achá-lo. 24. Montem um álbum com os melhores momentos de sua vida matrimonial. 25. Leiam coisas engraçadas um para o outro. 26. Reencenem o dia de seu casamento. 27. Aluguem um filme engraçado. 28. Brinquem num parque de diversões. 29. Assem marshmallow. 30. Enviem flores sem motivo. 31. Partilhem histórias assustadoras. 32. Soltem fogos

de artifício. 33. Cantem no chuveiro. 34. Durmam no quintal. 35. Aconcheguem-se no sofá e assistam a uma comédia. 36. Visitem um bom amigo. 37. Tomem um banho de bolhas a dois. 38. Tirem fotos um do outro. 39. Falem de suas lembranças favoritas. 40. Conversem usando rima por uma hora. 41. Contem anedotas. 42. Façam uma festa só para os dois. 43. Façam cócegas um no outro. 44. Passeiem à luz do luar. 45. Assistam a um desenho animado. 46. Trabalhem juntos no quintal. 47. Escrevam juntos um poema romântico.

Encontros Semanais

Kim e Greg não sabiam como se divertir. Kim era a típica mamãe caseira, com três crianças pequenas; Greg era um contador altamente estressado. No momento em que eles interagiam, no final do dia, achavam-se exaustos. Ambos eram comprometidos um com o outro e sabiam que se amavam, mas a sobrevivência cotidiana impedia os sentimentos positivos que uma vez os fizeram sentirem-se tão próximos.

— Quando foi a última vez que vocês se divertiram juntos? — Indaguei.

— Já faz algum tempo — reconheceu Greg.

— Quando foi a última vez que saíram para um encontro romântico?

— Deixe-me ver — ponderou Kim. — A nossa filha mais velha tem sete anos, e a última vez que saímos foi pouco antes de ela nascer.

— Então, o seu último encontro foi há sete anos?

— Sim — afirmaram ambos.

— Não é de admirar que ambos estejam em conflito.

Na semana seguinte, Greg e Kim fizeram um passeio romântico. Eles riram, se divertiram e apreciaram aquele momento juntos, sem os filhos. Quando nos vimos novamente, eles disseram que, dali em diante, teriam um encontro todas as semanas.

— Isso revolucionou o nosso casamento — admitiu Geg. — Não sei por que paramos de sair juntos.

— Não sei por que esperamos tanto tempo para recomeçar — acrescentou Kim.

Há um monte de desculpas para não se fazer o que é saudável. Veja algumas das que tenho ouvido ao longo dos anos.

- Ocupados demais.
- Falta de dinheiro.
- Não conseguir concordar sobre o que fazer.
- Cansados demais.
- Frustrados demais um com o outro.
- Nada se parece com diversão.
- Presos à rotina.
- Não encontrar quem cuide das crianças.
- Receio de ficarem a sós um com um outro.
- Não saber como.

Um encontro exige planejamento, mas vale o esforço. As duas desculpas que mais ouço dos casais para não saírem são: Somos muito ocupados, e, não temos dinheiro suficiente. Todos somos muito ocupados. Simplesmente temos de agendar o encontro e fazê-lo acontecer. Se formos esperar até que seja simples e conveniente, talvez tenhamos de esperar um longo tempo. Se o dinheiro é um problema, existe um monte de atividades que custam pouco ou nada. Conheço um casal que sai para caminhar. Outro vai a uma cafeteria ou a uma livraria local para o seu momento juntos. Se vocês forem criativos, vão surpreender-se com o que descobrirão para fazer. Lembrem-se de que o mais importante não é o lugar aonde vão, mas que passem juntos um tempo de boa qualidade.

Quando se tem filhos pequenos, sair pode tornar-se um desafio. Contudo, é nesta fase do casamento que os encontros são mais importantes. Não importa o quanto vocês amem os filhos, precisam de um tempo sem eles de vez em quando. Associem-se a outros casais com quem possam combinar para tomar conta dos filhos. Um casal conhecido meu cuida das crianças do vizinho todas as quintas-feiras à noite, e o vizinho, por sua vez, fica com os filhos deles todas as noites de sexta. Combinar com outros pais o cuidado dos filhos economiza dinheiro e dá ao casal a pausa mais que necessária.

Eis aqui algumas regras básicas para ajudar a tornar bem-sucedidos os encontros de marido e mulher.

- Façam do encontro uma prioridade.
- Convide o cônjuge formalmente.
- Reservem uma noite para os encontros, regularmente.
- Entrem num acordo sobre quem planejará o encontro. (Ela planeja um, ele planeja outro; e então é a vez dela outra vez).
- Seja positivo se o seu cônjuge escolher um lugar que não seja o seu favorito. (Lembre-se: o que importa é a pessoa com quem você está, e não o que estão fazendo).
- Sejam criativos e não entrem na rotina de fazer sempre a mesma coisa.
- Assegurem-se de passar algum tempo, durante o encontro, falando e ouvindo. Mas não conversem sobre finanças, filhos, ou problemas.
- Façam algo romântico.
- Fiquem de mãos dadas.
- Divirtam-se.

Encontros exigem criatividade. Fazer as mesmas coisas vezes em seguida diminuirá o entusiasmo de qualquer programa. Os encontros podem ter várias formas e tamanhos. Alguns podem ser espremidos dentro de um dia cheio. Um pode ser fora da cidade; outro, caseiro. Alguns são românticos, outros, práticos. Alguns podem ser particulares, com apenas vocês dois, enquanto outros podem incluir um casal amigo ou até um grupo deles. Sejam criativos e experimentem vários tipos. Vejam algumas ideias.

1. Aeroporto. 2. Parque de diversão. 3. Passeio de bicicleta. 4. Café da manhã. 5. Banho de bolhas seguido de chocolate. 6. Jantar à luz de velas. 7. Loja de música.
8. Cafeteria e livraria. 9. Concertos e eventos musicais.

10. Contar as estrelas. 11. Alongamento. 12. Sobremesa e bom papo. 13. Explorar uma cidade vizinha.
14. Restaurante favorito. 15. Alimentar patos num lago.
16. Encontrar algum lugar onde nunca estiveram.
17. Empinar pipa. 18. Fazer um ao outro vinte elogios.
19. Fazer no outro uma completa massagem corporal.
20. Fazer uma caça ao tesouro. 21. Ir a uma festa.
22. Ajudar alguém. 23. Estação Ferroviária Central.
24. Jardim japonês. 25. Olhar as casas da cidade.
26. Olhar álbuns de fotografias. 27. Fazer juntos um jantar gourmet. 28. Fazer amor. 29.Ver um filme.
30. Visitar um museu. 31. Noite do pijama. 32. Observar as pessoas. 33.Piquenique. 34. Planetário. 35. Planejar as próximas férias. 36. Jogos. 37. Brincadeiras. 38. Ler um livro juntos. 39. Reviver o primeiro encontro. 40. Recordar o passado. 41. Aconchegar-se junto a lareira.
42. Eventos esportivos. 43. Caminhar pela vizinhança.
44. Surpreender ao cônjuge. 45. Assistir a uma aula juntos. 46. Sair para jantar. 47. Caminhar num parque.
48. Assistir ao pôr-do-sol (ou talvez o seu nascer).
49. Zoológico.

Escape

Todo casal precisa escapar da agitação ao menos uma vez ao ano. Nalguns anos, essa "fugidinha" pode durar apenas um final de semana; mas talvez possa durar uma semana inteira, ao menos a cada dois anos. Estes escapes são de grande importância para a ligação. Há três estágios para estas férias:

Estágio 1: Planejamento. Isto pode ser muito divertido. Despender tempo reunindo panfletos, estudando mapas, procurando em livros, e checando em sites da internet pode aumentar a expectativa da viagem. Conversar e sonhar sobre ela faz com que pareça muito mais especial, antes mesmo que saiamos de casa. Conheço um casal que está planejando uma viagem à Austrália há quase vinte anos. Sempre que conversam com alguém sobre férias, cedo ou tarde, eles perguntam se a pessoa já esteve na Austrália. E se a resposta for afirmativa, fazem uma centena de perguntas. A cada ano, eles economizam um pouco mais de dinheiro para a viagem dos sonhos, e descobrem algo novo sobre aquele país. Eles estão vivendo um momento maravilhoso. A esposa confidenciou-me, certa vez, que mesmo se a viagem nunca acontecer, tudo terá valido a pena, porque o planejamento é realmente a melhor parte.

Estágio 2. Experiência. Tami e eu apreciamos muito estes escapes. Enquanto escrevo estas palavras, achamo-nos numa cabana de praia, na costa do Oregon, com alguns bons amigos. Quando estamos longe de agendas, responsabilidades, filhos e telefones, é mais fácil relaxar e aprofundar a ligação. Partilhamos toda sorte de experiências novas e empolgantes. As singularidades dessas aventuras aproximam-nos um do outro. Ao dar uma "fugida", experimentem coisas novas e preencham o tempo com o máximo de diversão possível, porque estes são momentos especiais, que vocês jamais esquecerão.

Estágio 3. Recordação. Planejar e experimentar estes escapes é ótimo, mas recordá-los é a minha parte favorita. Adoro relembrar o passeio de carroça pelo Central Park, o sol filtrando-se por entre as árvores antigas da floresta de sequoias; o oceano de um azul faiscante, quando aterrissamos nas Bermudas, ao pôr-do-sol. Tenho milhares de memórias como essas, e sempre que as evoco, recapturo o momento mágico partilhado com Tami.

As memórias são um elo poderoso entre marido e mulher, e os escapes garantem lembranças positivas. Enquanto atravessamos as frustrações e as agitações do cotidiano, pequenas recordações podem levar-nos de volta aos momentos maravilhosos. Sempre que Tami e eu vemos um cavalo, ela inclina-se para mim e cochicha: "O nome dele é Rambo". Num instante, nossas mentes transportam-se de volta a umas férias que passamos em Puerto Vallarta.

Tami gosta imensamente de cavalgar, enquanto eu pouco sei sobre esta atividade. Todavia, num rancho em Porto Vallarta, insistiram para que Tami cavalgasse "Morango", e eu, "Rambo". Os nomes de ambos os cavalos expressavam perfeitamente o seu temperamento. "Morango" era gentil, devagar e submisso. Rambo era selvagem, rápido e independente. Ele galopava por toda parte, em total velocidade, e eu logo aprendi a segurar-me no cabeçote da sela com ambas as mãos, e orar para não morrer. Aparentemente, eu não era o caubói mais garboso do rancho, porque, quando olhei para Tami, ela estava rindo tanto, que faltava cair da montaria. Agora, ela sempre me lembra do Rambo e de meu notável estilo equestre.

Certamente, vocês têm memórias especiais desses passeios. Entesourem estes momentos e não os esqueçam. Na verdade, todo casal deveria ter uma caixa de recordações, de onde pudessem, periodicamente, puxar uma lembrança que os remetesse de volta a um lugar e a um momento especiais. Memórias positivas suavizam dores e perdas passadas, e ajudam o casal a reviver as alegrias partilhadas. Alem disso, aprofundam a apreciação de um pelo outro, e fortalecem o compromisso com um bom casamento.

Planejem umas férias, ou uma simples "fugidinha", para ao menos uma vez ao ano. Façam uma lista de todos os lugares, de perto e de longe, que vocês gostariam de visitar. Descubram como e quando poderão tornar algum deles realidade. Eis aqui uma lista de viagens a considerar:

> 1. Porto Alegre. 2. Chapada dos Guimarães. 3. Austrália. 4. Rio Amazonas. 5. Acampamentos. 6. Canadá. 7. Ilhas Caribenhas. 8. Petrópolis. 9. China.10. Brasília. 11. Desertos. 12. Disneylândia/Disney World. 13. Explorar Cavernas. 14. Pantanal. 15. Grande Cânion. 16. Alemanha. 17. Recifes de corais. 18. Ilhas Gregas. 19. Havaí. 20. Terra Santa. 21. Hong Kong. 22. Índia. 23. Israel. 24. Itália. 25. Japão. 26. Alguma pousada tranquila. 27. Lagos e rios. 28. Londres. 29. Floresta da tijuca. 30. México. 31. Escalar Montanhas. 32. Museus da Europa. 33. Chapada Diamantina. 34. Cidade de Nova Iorque. 35. Foz do Iguaçu. 36. Paris. 37. Pirâmides do Egito. 38. Selva Amazônica. 39.

Florianópolis. 40. Safári na África. 41. Rio de Janeiro. 42. Buenos Aires. 43. Cruzeiros. 44. Ouro Preto. 45. Praias do nordeste. 46. Espanha. 47. Salvador. 48. Litoral paulista. 49. Curitiba. 50. Praias do Nordeste.

Resumo

Intimidade recreativa é algo que os aproxima e pode mantê-los juntos. A vida é cheia de ocupações e há muito a se fazer, mas em meio a este passo frenético, é importante encontrar tempo para relaxar e divertir-se. O rei Salomão escreveu: "Tudo tem o seu tempo determinado, e há tempo para todo o propósito debaixo do céu... tempo de chorar e tempo de rir; tempo de prantear e tempo de saltar" (Ec 3.1,4). Não deixem o choro e o pranto levar embora o riso e a recreação.

A intimidade recreativa pode parecer um aspecto irrelevante, superficial, e/ou opcional do casamento, mas isso não é verdade. Este capítulo tocou em cinco facetas da recreação: esportes, relaxamento, diversão e riso, encontros semanais e escapes. Cada um destes aspectos é importante. Acrescentar positividade ao matrimônio melhora-lhe a força, a satisfação e a longevidade. Com essas cinco adições, vocês enriquecem o casamento e têm muita diversão no processo.

Projetos para a Sala de Estar

1. Conversem sobre os esportes que cada um praticava no passado, e que gostariam de praticar juntos no futuro.

2. Leiam a lista dos hobbies no início do capítulo e escolham três ou quatro para fazerem juntos.

3. Reúnam as suas cinco anedotas favoritas e contem-nas um ao outro antes de dormir.

4. Separem duas horas para, juntos, fazerem algo que considerem frívolo e divertido.

5. Anotem as qualidades e atividades que, segundo pensam, deixariam o encontro mais romântico, e transformem-nas em realidade.

6. Escolha um lugar onde você acha que o seu cônjuge gostaria de ir, e comece a planejar umas férias lá, só para vocês dois.

6

O ESTÚDIO
Projetos Intelectuais

Os livros sempre me intrigaram. Desde pequenino, eu já me sentia fascinado por todas as maravilhas que fluíam das páginas de um simples livro. Cada volume que eu pegava achava-se repleto de ideias nas quais eu nunca pensara, pessoas que eu nunca conhecera e lugares que eu nunca visitara. Os livros têm me aberto os horizontes e me modelado e inspirado, de modos que sequer julguei possível.

Em nossa casa, temos um estúdio. Nele há muitas estantes e livros. E há também uma mesa, uma cadeira e um computador. O computador tem substituído muitas bibliotecas, porque pode dar-nos acesso a milhões de livros e muito mais ideias. Gostamos de nosso computador, mas também gostamos de nossos livros. Juntos, eles vivem lado a lado em nosso estúdio; competidores amigáveis em sua proposta de prover-nos estímulo intelectual.

O nosso estúdio é um sossegado refúgio do frenesi da vida. É um local mágico, que pode levar-nos a qualquer lugar; um aposento de aprendizado e descoberta. Eu quis um sofá em nosso estúdio para que Tami e eu pudéssemos sentar juntos, ler e partilhar nossos pensamentos. Somos atraídos a materiais de leitura diferentes, mas gostamos de conversar um com o outro sobre o que acabamos de ler. Tami aprecia romances inspiradores, revistas de decoração e livros de jardinagem. Eu prefiro literatura, história e pensamento cristão. Gosto muito de ouvi-la contar o que leu; seu entusiasmo e comoção atraem-me para mais perto dela.

Todo casal precisa de um estúdio de algum tipo. Meus pais tinham um estúdio comprido e estreito, com uma parede forrada de livros. Os meus avós, paternos e maternos, tinham uma estante de livros na sala de estar. O meu tio Harry e minha tia Sofie possuíam um belo estúdio sobre o Puget Sound, em Washington. Ele era cheio de janelas, mapas e revistas *National Geographic*. Conheço uma senhora, cujo estúdio consiste de uma cadeira de balanço e uma pequena estante de livros, num canto de seu quarto.

Acho que um estúdio é mais um estado mental e uma atitude para com a vida do que um cômodo separado na casa. Estúdio é um substantivo, mas também pode ser um verbo. Ele representa ideias, crescimento, aprendizado, investigação e debate. Um casal comprometido com essa espécie de intimidade intelectual nunca se tornará entediado ou desunido. Portanto, aproveitem o seu estúdio. Se ainda não possuem um, façam-no.

Intimidade Intelectual

"Estamos condenados!" Desabafou a mulher de jeans surrados e camisa de flanela.

Fiquei calado e deixei-a falar.

"Não somos tolos", continuou Cassie, com um jeito defensivo. "Mas se alguém tivesse de descrever Gabe e eu, *intelectual* não seria a primeira palavra que lhe viria à mente".

Intimidade intelectual nada tem que ver com o quanto inteligente é o casal.

É, antes, o partilhar dos pensamentos, ideias, opiniões e crenças; é a empolgação da descoberta de um mundo surpreendente, e do quão aprazível é fazê-lo a dois.

Há três partes nesta descoberta: reconhecer o potencial de ambos, ampliar suas mentes e discutir seus pensamentos.

Reconheçam o seu Potencial

Deus concedeu a vocês dois, habilidades notáveis. Conforme disse o rei Davi, fomos formados "de um modo terrível e tão maravilhoso" (Sl 139.14).

Vocês foram especialmente capacitados por Deus. Cada um recebeu certo potencial. O desafio é que ambos reconheçam o próprio potencial, bem como o do outro.

Em minhas pesquisas, identifiquei 10 potenciais intelectuais. A maioria das pessoas é brilhante e tem aptidão para ao menos uma ou duas destas áreas. Ao mesmo tempo, todos temos várias áreas, nas quais somos levemente obtusos!

Não se concentrem nas próprias fraquezas, nem nas do outro. Em vez disso, focalizem os seus pontos fortes. Há pelo menos cinco maneiras de se fazer isto:

- reconhecer as habilidades,
- elogiar as habilidades,
- encorajar as habilidades,
- aprender das habilidades,
- apreciar as habilidades.

Enquanto descrevo 10 habilidades intelectuais, destaque aquelas que lhe pertencem e as que pertencem ao seu cônjuge.

1. *Inteligência verbal.* É a habilidade de se pôr os pensamentos em palavras. Escritores, poetas e oradores podem expressar-se em linguagem verbal encontrando a palavra certa para cada situação. Para outros, partilhar os pensamentos e sentimentos em palavras é algo que beira à frustração. Buscam o termo certo, mas parecem jamais encontrá-lo.

2. *Inteligência matemática.* As pessoas com essa habilidade têm fascínio pelos números. Não carecem de calculadora para somar, subtrair, multiplicar ou dividir. Calcular, para elas, é algo natural. Elas riem de nós que temos fobia de matemática, ou nos debatemos nesta área.

3. *Inteligência visual.* Essa habilidade envolve a percepção de tamanho, formas, ângulos, distância e perspectiva, bem

como a interação entre os objetos. As pessoas com boa inteligência visual podem discernir nuances sutis de cores e sombras. Os artistas, arquitetos e carpinteiros possuem inteligência visual.

4 .*Inteligência musical.* Admiro aqueles com habilidade para cantar e tocar instrumentos. Alguns lêem partituras de música, e outros tocam "de ouvido". Meus pais insistiram para que eu estudasse piano durante quatro anos, na esperança de que eu pudesse desenvolver alguma habilidade musical, mas não funcionou. Entretanto, meu irmão Dale, que nunca teve aula de piano, pode sentar-se diante do instrumento e reproduzir qualquer música que já tenha ouvido. Ele possui inteligência musical.

5. *Inteligência mecânica.* É a habilidade de se usar as mãos para consertar coisas. Mecânicos, encanadores e eletricistas possuem essa habilidade. Tradicionalmente, é um campo masculino, mas se alguma coisa se quebra em minha casa, eu raramente sei o que fazer. Minha avó me disse, certa vez, que eu só precisava de uma ferramenta para consertar as coisas: um martelo. Se alguma coisa não funcionasse, só teria de começar a bater nela para fazê-la funcionar.

6. *Inteligência lógica.* Solucionar problemas, lidar com aborrecimentos, e pensar de modo sequencial fazem parte dessa habilidade. Executivos, administradores e qualquer pessoa envolvida com gerenciamento possuem inteligência lógica. Tais pessoas pensam claramente do ponto A ao ponto B e ao C. Com elas, tudo tem uma ordem e se acha bem estruturado. Organização é o seu nome do meio. Elas mantêm o mundo girando suavemente, mas também conduzem a uma certa loucura aqueles que são menos lógicos.

7. *Inteligência física.* Dançarinos, atletas e atores possuem essa habilidade. Eles são conscientes do próprio corpo e podem controlar e coordenar músculos, com força, graça e expressão. Apreciam as atividades físicas e a participação nos esportes; são naturais no basquete, no tênis ou no futebol. O restante de nós senta-se na arquibancada e deseja ao menos uma pequena medida de sua capacidade.

8. *Inteligência pessoal.* As pessoas com essa habilidade achamse em sintonia com os sentimentos, as necessidades e os motivos.

Numa tentativa de melhor conhecer-se, elas estudam psicologia. Seu mundo é interno, e às vezes introspectivo, quando refletem na sua identidade pessoal e nas razões para ela. Tais pessoas são fascinadas por pensamentos e emoções, preferências e aversões, crenças e sonhos.

9. *Inteligência social*. É aquela habilidade capaz de reunir as pessoas e ajudá-las a sentirem-se relaxadas. A pessoa dotada com essa capacidade pode fazer um grupo rir, ou organizá-lo para entrar em ação. As demais pessoas gravitam naturalmente em torno do indivíduo abençoado com a inteligência emocional. Ele pode ser um líder direto, como também pode ser alguém que atue atrás dos bastidores.

10. *Inteligência espiritual*. Algumas pessoas têm uma acentuada consciência de Deus e das forças intangíveis do universo, bem como um forte senso do bem e do mal. Aqueles com inteligência espiritual possuem uma medida extra de fé, e podem ver além do visível. Essa capacidade é possível não apenas para santos, mas também a pessoas comuns, como você e eu.

Havendo reconhecido os potenciais de nosso cônjuge, é importante respeitar e honrá-lo nessa área. Tami é muito melhor que eu em inteligência mecânica, então, regularmente, transfiro-lhe o trabalho, quando o triturador de lixo ou a lavadora de louças apresentam problemas. Por outro lado, sou melhor que ela nas áreas de inteligência verbal. Então, quando falo numa conferência, ela me encoraja e me elogia.

Portanto, aprendam um com o outro. Cada um deve deixar que o outro o ensine. Assim fazendo, estarão se preparando para a próxima parte da intimidade intelectual.

Ampliem suas Mentes

Anos atrás, li que indivíduos medíocres param de pensar profunda ou criativamente, quando completam a educação escolar (seja o Ensino Médio ou o doutorado). Espero que isso não seja verdade! A educação formal é apenas o trampolim para uma vida de descobertas. Se o casal não expande a mente junto, o casamento está perdendo algo valioso.

Sem intimidade intelectual, há três espécies de perigo:

1. *Casamento Enrugado*. É o matrimônio onde nenhum dos cônjuges está expandindo a mente. O relacionamento é tedioso; perdeu a vida e a energia.
2. *Casamento Inclinado para um lado*. É aquele onde apenas um dos cônjuges expande a mente. Um deles está crescendo e descobrindo, e o outro está parado. Com o tempo, o casal torna-se cada vez mais distanciado. Se o "estagnado" não despertar, o outro se tornará aborrecido e insatisfeito, e será tentado a procurar alguém mais estimulante intelectualmente.
3. *Casamento Paralelo*. É quando ambos os cônjuges desenvolvem-se separadamente, sem compartilhar suas descobertas. Acham-se em caminhos diferentes e perderam o senso de intimidade. É preciso voltar ao começo e tornar a conectar-se emocionalmente. Feito isso, será bem mais fácil partilhar os pensamentos, ideias, opiniões e crenças.

O casamento saudável é aquele em que os cônjuges expandem a mente juntos. Deixem-me partilhar algumas maneiras de fazer isso acontecer.

Leiam juntos

"Se você ler algum livro que o impressione, eu o lerei também". Este foi o compromisso assumido por Sheldon e Davy Vanauken, para a intimidade intelectual. Eles desejavam sinceramente estar mentalmente próximos, e o partilhar de livros era para eles o símbolo desta intimidade.

Mencionei esta história a Shirley, que se achava sentimentalmente desconectada do marido, e perguntei-lhe:

— O que Bob tem lido ultimamente?

— Sem essa! — Foi a sua replica imediata. — A única coisa que o Bob lê é faroeste, e eu detesto faroeste!

— Você já leu um faroeste? — Insisti.

— Não, mas...

— Qual o nível de importância do seu casamento?

— Amo Bob, mas...

— Se você quer intimidade intelectual, leia o que ele está lendo.

Shirley suspirou.

Naquela noite, ela perguntou a Bob o título de seu romance faroeste preferido. E então pediu-lhe emprestado.

— Para que? — Estranhou ele.

— Para eu ler.

Um sorriso cruzou a face de Bob.

Durante o ano seguinte, Shirley leu três faroestes e teve várias discussões interessantes sobre eles com o marido.

Ler os mesmos livros traz intimidade, e ler um para o outro os aproxima ainda mais. Conheço um jovem casal que leu um para o outro *As Crônicas de Nárnia*, de C. S. Lewis. Outro casal está lendo um livro sobre criação de filhos. Recentemente, Tami e eu iniciamos um devocional para casais, intitulado *Night Light*, de James e Shirley Dobson. Uma noite, Tami lê para mim, e na outra eu leio para ela. Em seguida, discutimos o que acabamos de ler. O tempo juntos é ótimo.

Parem um momento e pensem no que vocês poderiam ler juntos. Talvez um livro, ou um devocional, uma revista, ou mesmo o jornal do dia. Agora que vocês têm uma ideia, orem a respeito. Alistamos aqui 30 livros, cuja leitura a dois pode ser divertida.

Descobrindo os Tesouros do Casamento, de Debbie L. Cherry
Toda a Família, de Orlando Boyer
Os Dez Mandamentos do Casamento, Ed Young
Cative o Coração Dela, de Lysa Terkeurst
Cative o Coração Dele, de Lysa Terkeurst
Segredos de um Casamento Duradouro, de Frank e Mary Alice Minirsth
Ensine sobre Deus às Crianças, de John Trent, Rick Osborne e Kurt Bruner
Prevenir É o Melhor Remédio, de Don Schmierer
Quando Filhos Bons Fazem Escolhas Ruins, de Elyze Ftzpatrick e Jim Newheiser

Apaixonando-se por seu Marido, de Débora White Smith
Os Dez Mandamentos na Criação dos Filhos, de Ed Young
Disciplinas da Família Cristã, de Kent e Bárbara Hughes
A Família do Antigo Testamento, de Esdras Costa Bentho
Conversa de Amor, de Les e Leslie Parrot
A Segunda Década do Amor, de Greg Johnson e Mike Yorkey
Sócios, Amigos e Amados, de Elaine Cruz
As Dez Melhores Decisões que os Pais Devem Tomar, de Bill e Pam Farrel
Amor e Disciplina para Criar Filhos Felizes, de Elaine Cruz
Analisando o Divórcio à Luz da Bíblia, de Esequias Soares
A Família Cristã nos Dias Atuais, de Elinaldo Renovato de Lima
Antes que as Dívidas nos Separem, de Julie Ann Barnhill
Conversas Francas sobre Casamento, de Bill e Annabel Gillhan
...E Deus Fez a Família, de Estevam Ângelo de Souza
Criando os Filhos à maneira de Deus, de Kathi Hudson
Romeu e Julieta, de William Shakespeare
Seja o Líder que sua Família Precisa, Dr. Stephen Adei
Aprenda a ser pai com o Pai, de Kenneth e Jeffrei Gangel
Quando o Amado Desce ao Jardim, de Marta Doreto de Andrade
Nove Erros Críticos que todo Casal Comete, Dr. David Hawkins
Convém que o Bispo Seja Casado, de João Pereira de Andrade e Silva.
As Cinco Linguagens do Amor, de Gary Chapman

Estudem juntos

Will amava história. Ele pesquisava e escrevia, enquanto sua esposa o encorajava ao longo do caminho. Após Will completar os primeiros volumes de *A História da Civilização*, Ariel juntou-se a ele como escritora assistente. Lado a lado, eles estudaram, pesquisaram e cresceram. À medida que os seus pensamentos e interpretações se entrelaçavam, Will descobriu que os dois haviam, realmente, se tornado um. Os últimos cinco volumes dessa história monumental têm Will e Ariel Durant como coautores.

Expandir a mente envolve olhar para aqueles assuntos de interesse comum, reunindo informações e partilhando com o outro aquilo que aprendeu. Estudar não é maçante, se for numa área que nos fascina. Desenvolvam uma curiosidade saudável e divirtam-se.

As ruínas maias, na América Central, sempre me capturaram a imaginação, enquanto os animais selvagens interessam muito a Tami. Então, quando vamos a Chitzan Itza, no México, estudamos tanto as ruínas quanto a vida selvagem.

Juntos, fazemos a festa!

Descubram as áreas de interesse comuns e estudem-nas juntos. Se não existirem, visitem a área um do outro, convidem um ao outro para a sua área.

O amor vai além dos interesses pessoais. Aquilo que deleita ao nosso cônjuge logo nos deleitará também. A vida já não se acha dividida em "você" e "eu". Uma nova entidade toma forma para, gentilmente, fundir duas personalidades singulares em uma só, chamada "nós". O "você" e o "eu" ainda existem, mas ambos submetem-se de boa vontade, empolgada e amorosamente, ao "nós". Agora, nós dois somos fascinados pelas antigas pirâmides maias e pela graciosidade e beleza de um falcão nos ares.

Deixe-me propor algumas ideias que podem intrigá-los.

- Ciências
- História
- Política
- Filosofia
- Literatura
- Eventos atuais
- Economia
- Geografia
- Psicologia
- Teologia

Assinalem os seus favoritos e ampliem a mente.

Aprendam juntos

A vida é uma incrível sala de aula, se os nossos olhos, ouvidos e mentes estiverem abertos. Todos os dias aprendo algo novo, e é emocionante partilhá-lo com Tami. Um casal que aprende continuamente nunca se cansará ou se tornará entediado um com o outro.

Fico surpreso com o número de oportunidades que temos para aprender algo novo. Cada dia traz novas experiências, novos encontros, conexões, mistérios e desafios. Conheço um casal que estuda espanhol a fim de comunicar-se com as famílias latinas de sua comunidade. Outro frequenta um curso de culinária, e transformou a cozinha num empolgante local de intimidade. Há um terceiro casal que, recentemente, participou de um workshop sobre massagem sueca, e agora alivia a tensão muscular um do outro, sempre que ela se manifesta.

Esses casais têm ótimos momentos juntos, construindo a intimidade intelectual. Procurem aulas, leituras, seminários ou workshops em áreas de interesse mútuo. Participem juntos e aprendam tudo o que puderem. Caso fiquem empacados, eis aqui algumas coisas que vocês podem desempenhar juntos:

- Arte dramática
- Arqueologia
- Pintura
- Astronomia
- Estudo Bíblico
- Informática
- Culinária
- Línguas estrangeiras
- Jardinagem
- Genealogia
- Geologia
- Trilha
- Investimento financeiro
- Vida conjugal
- Música
- Nutrição
- Paternidade
- Fotografia
- Grupos de leitura
- Natação
- Viagem
- Marcenaria
- Redação

Explorem juntos

O que vocês mais gostariam de explorar a dois?

- Caverna
- Museu
- Livraria
- Ilha deserta
- Jardim
- Montanha

- Cidade
- Selva
- Deserto

As possibilidades limitam-se apenas à sua imaginação.

Tami e eu adoramos aventuras. Em nossa lua de mel, exploramos as estradas costeiras de Maui. Desde então, temos explorado as ruas de nossa cidade, as de Nova York, de Washington, D.C., Seatle, Orlando, Puerto Vallarta, São Francisco e São Diego. Parece que em cada esquina espera-nos outra aventura.

Também gostamos muito de pegar a estrada, e em nossos 22 anos de matrimônio, exploramos 21 estados. Em certo verão, viajamos pelo Yellowstone National Park e por Rocky Mountain. Cinco anos depois, fomos ao Mesa Verde, ao Painted Desert, e ao Grand Canyon.

Vocês podem fazer explorações onde moram, ou num país diferente. Podem caminhar juntos num parque, numa praia ou numa campina. Podem viajar de carro por seu estado, ou por todo o país. Podem voar para qualquer lugar. Seja aonde for, vão juntos e abram suas mentes para todas as coisas surpreendentes da criação de Deus.

Discutam os seus Pensamentos

Depois de ler um livro, assistir a um filme, ouvir um sermão, discutam a respeito. Mostrem um ao outro o que pensam. Certamente poderão discordar ou ver as coisas de modo diferente. Mas ao discutir suas perspectivas pessoais, estarão desenvolvendo a intimidade intelectual. Expor as próprias crenças encoraja o crescimento. Em nosso matrimônio, a discussão frequentemente estimula uma reação em cadeia, onde as ideias de Tami disparam uma nova ideia em mim, que a leva a outra ideia. Aí está a beleza do verdadeiro intercâmbio — eu recebo dela, e ela, de mim. Juntos, temos nos expandido intelectualmente para além de onde poderíamos chegar sozinhos.

Avaliem

Tudo aquilo que experimentamos, também avaliamos. Podemos gostar, ou não. Isso os desafia, ou aborrece? Encorajo-os a experimentar a vida juntos, e juntos, avaliá-la. Seja um concerto, uma aula de Escola Dominical, ou um show na TV, isso oferece uma oportunidade de avaliação. Portanto, não apenas experimentem um acontecimento; avaliem-no juntos. Perguntem um ao outro:

Qual foi a mensagem?
Foi bem feito?
Foi prazeroso?
Foi mentalmente estimulante?
Foi verdadeiro?
Foi útil?
Foi moralmente saudável?
Você o recomendaria a um amigo?
Ensinou-lhe algo novo?
Aproximou-os mais um do outro?
Aproximou-os mais de Deus?

Enquanto avalia e interage, o casal melhor se compreende. Essa compreensão conduz à intimidade intelectual, mas isso não significa que sempre haverá concordância.

Debatam

Há certas coisas nas quais é importante haver concordância, mas grande parte da vida é feita de opiniões, preferências e interpretações. Todos vemos a vida de nosso próprio ângulo, baseados em diferentes personalidades, experiências e passados. Por conseguinte, a maioria das coisas na vida é discutível.

Em nosso primeiro ano de casados, Tami e eu construímos uma casa. Foi um excelente modo de descobrirmos as diferenças. Discutimos a planta, o piso, as cores e o papel de parede. Debater é saudável. O debate ensina-nos o equilíbrio da honestidade e da sensibilidade. Não debatemos para vencer, mas para entender melhor o nosso cônjuge. A preferência de Tami em questão de cor é diferente da minha, e ela não é facilmente convencida.

No processo, aprendemos a debater e a respeitar nossas diferenças. Ao término, havíamos desenvolvido intimidade intelectual.

Não há necessidade de sermos ameaçados pelas perspectivas diferentes. Elas são boas, saudáveis e normais. Expor ao nosso cônjuge a nossa individualidade alarga-nos a perspectiva e aprofunda-nos a sensibilidade, além de ensinar-nos muito sobre ele.

Debater é ótimo!

Contudo, no casamento, isso deve ser feito sempre com virtude: demonstrando paciência, honestidade, altruísmo e respeito mútuo. Quando discordamos e debatemos tendo em mente estes princípios, crescemos em aproximação e entendimento. Vejam algumas áreas divertidas e discutíveis. Qual vocês acham melhor?

Pintura	ou	Ciência
Poemas	ou	Melodia
Livros	ou	Revistas
Europa	ou	Ásia
Manhã	ou	Noite
Visão	ou	Som
Cidade	ou	Campo

Cavem

Boas perguntas são como escavadeiras afiadas: permitem-nos escavar abaixo da superfície e descobrir o que está enterrado. Se houver uma moeda de ouro um metro abaixo do solo, e a quisermos, apanhamos uma escavadeira e cavamos. Se não cavarmos, nunca teremos o ouro. De igual modo, às vezes não sabemos das coisas porque não indagamos.

— Como você sabe tanto sobre a minha esposa, após somente quarenta e cinco minutos? — Perguntou-me um marido, casado havia dois anos.

— Fiz-lhe um monte de perguntas e ouvi o que ela tinha a dizer — foi a minha réplica simples.

Ele sacudiu os ombros em frustração e expressou:

— Eu gostaria de saber como fazer isso.

Se você também se sente assim, veja algumas perguntas a fazer ao seu cônjuge:

- Qual tem sido o ponto alto de sua vida?
- Quem é a pessoa mais influente que você já conheceu?
- Qual o melhor conselho que você já ouviu?
- Se você ganhasse um milhão de dólares, o que faria com o dinheiro?
- Qual a sua dor mais profunda e o seu maior sonho?
- O que você julga ser o segredo da verdadeira felicidade?

As perguntas aproximam o casal. Elas abrem-nos os olhos, o coração e a comunicação; levam-nos além da superfície e para mais perto da intimidade intelectual.

Resumo

Dewitt e Lila Bell Wallace eram fascinados por ideias. Ambos se interessavam por uma grande variedade de assuntos e apreciavam discuti-los entre si.

Em fevereiro de 1922, o casal lançou uma pequena revista para promover a intimidade intelectual. Consistia de 30 artigos condensados, um para cada dia do mês, cobrindo tópicos que iam de política a saúde, e a dramas da vida real. Era uma revista que podia ser lida por casais, e então discutida. Os artigos eram curtos; sua leitura não tomava muito tempo. E também eram variados; se alguém não estivesse interessado no assunto de hoje, era só esperar pelo do dia seguinte, para ler algo totalmente diverso. No processo, os casais cresciam em intimidade.

Ao longo dos anos, a pequena revista cresceu. Agora, publicada em 17 línguas, a *Reader's Digest* vende mais de 28 milhões de cópias por mês, e a companhia arrecada cerca de 500 milhões de dólares ao ano.

Acredito que a intimidade intelectual realmente compense. Então, vão à livraria ou banca de jornal, e comprem o último número da *Reader's Digest*, ou qualquer outra revista de interesse mútuo. Relaxem com uma xícara de café quente, ou um copo de limonada gelada, e leiam um para o outro.

Ampliem suas mentes.

Discutam seus pensamentos.

Construam a sua intimidade intelectual.

Projetos para o Estúdio

1. Anote por escrito as três principais áreas de inteligência de seu cônjuge. Fique atento às oportunidades para encorajá-lo nestas áreas.

2. Encontrem um livro, um devocional, ou uma revista de interesse comum. Sentem-se juntos e leiam um para o outro, ao menos três vezes por semana.

3. No próximo ano, participem juntos de uma aula ou de um workshop.

4. Explorem juntos um local distante, cerca de meia hora de carro do lugar onde moram. Uma vez lá, vejam quantas descobertas podem fazer juntos.

5. Aconcheguem-se no sofá e assistam juntos a um show de televisão. Ao término, avaliem o que viram, usando as 12 questões apresentadas neste capítulo.

6. Formule 20 perguntas sobre o seu cônjuge, que o ajudará a conhecê-lo melhor. Guarde a lista no porta-luvas do carro, e na próxima vez que saírem juntos, peça-lhe para apanhá-la e responder algumas das questões.

7

O CORREDOR
Projetos para os Conflitos

O corredor não é exatamente um cômodo. Contudo, na maioria das casas existe um ou mais. Eles são passagens de um local para o outro, e conectam vários aposentos. Sem um corredor, a residência tende a perder a fluidez. Na casa onde cresci, o corredor ligava a sala de estar ao banheiro e aos quartos. A nossa casa atual tem um corredor que liga o hall à sala de estar, ao estúdio e aos banheiros.

Corredores são lugares de circulação, cheios de idas e vindas. Eles podem ser perigosos. Quando eu tinha sete anos, quebrei o dedão correndo pelo corredor. Também já escorreguei em assoalho molhado, derrubei objetos pendurados na parede, e tropecei em coisas espalhadas — tudo em corredores. Na verdade, estou sempre dizendo ao meu filho mais novo: "Não deixe suas coisas no corredor". Ele, pacientemente, explica-me que não as quer mais, ou não sabe o que fazer com elas, por isso as deixa no corredor.

Uma das dificuldades dos corredores é que eles tendem a ser estreitos. O nosso tem um metro e meio de largura. Em circunstâncias normais, é um espaço suficiente para duas pessoas cuidadosas passarem uma pela outra, sem incidentes. Todavia, se estivermos apressados, não prestando atenção, ou de mau-humor, há o risco de colisão. Se estou seguindo em uma direção, e Tami vem no sentido contrário, temos de manobrar em torno um do outro. Se eu insistir em caminhar pelo centro, haverá um contato ou conflito em potencial. Por sua vez, Tami poderá parar ou pular fora do meu caminho, mas não ficará contente com a minha falta de consideração, ou quebra da etiqueta do corredor. Ou, se eu estiver andando apressado e furioso em meu lado, e de algum modo cruzar a linha do meio, poderei colidir lateralmente com ela. As idas e vindas em qualquer lar podem resultar em conflito.

Corredores podem ser difíceis, mas são necessários. Eles nos ensinam a ser menos egoístas e mais sensíveis. Com os corredores, aprendemos a ficar quietos, fechar portas, diminuir o ritmo, nos desculpar e perceber que o nosso cônjuge está com os braços ocupados. O mais importante de tudo, no entanto, é que aprendemos quando abraçar um ao outro e proferir aquelas palavras de encorajamento: "Podemos resolver esta pequena divergência ou desafio". Os corredores recordam-nos que o conflito é uma passagem que nos conduz àquele aposento particular, onde queremos estar. O conflito na intimidade pode ser um lugar positivo. Primeiro, porém, devemos aprender a tratá-lo com graça, amor e sabedoria.

Intimidade nos Conflitos

Era uma noite fria. A neve caía e o vento soprava. Era o tipo de noite que nos convida a encolher-nos diante de um fogo crepitante. Numa clareira, nas profundezas da floresta, dois porcos-espinhos tremiam de frio — um na extremidade oeste, e o outro na leste. Conforme a neve subia e o vento açoitava, os porcos-espinhos, vagarosamente, aproximavam-se um do outro. Quanto mais próximos ficavam, mais o calor era conservado, e mais protegidos do vento eles ficavam.

No entanto, havia um problema na proximidade demasiada: seus espinhos espetavam um ao outro. A dor irradiava-se por seus corpos, e eles rapidamente se afastavam. Escapar dos espinhos perfurantes fazia-os sentir-se bem, mas logo o frio tornava a apertar, e os dois voltavam, devagar e cuidadosamente, a mover-se juntos. Era confortável permanecer próximos, até que os espinhos ferroassem, e a dor parecesse maior que o frio.

À medida que a noite avançava, os dois porcos-espinhos ajuntavam-se, e então se separavam, vez após vez.

Todos somos porcos-espinhos, e todos já experimentamos as espetadas um do outro. Nalgumas ocasiões, somos o espinhoso; noutras, o nosso cônjuge é que é. Infelizmente, a vida nem sempre transcorre com a suavidade que desejamos. Juntar duas pessoas imperfeitas, cedo ou tarde resultará em dificuldades, e com elas virão os espinhos.

O segredo para nós, porcos-espinhos, é usar as nossas agulhas de modo saudável e inofensivo. O porco-espinho perto de nós não é nosso inimigo. Ele pode parecer assustador, quando os espinhos estão ouriçados, mas o nosso cônjuge é nosso amigo e aliado, nosso confidente e encorajador, nosso companheiro de equipe e nosso amado.

O modo como lidamos com os conflitos na vida conjugal é um dos fatores mais importantes, determinando se teremos, ou não, um matrimônio bem-sucedido.

Entendendo o Básico

Ao atacar qualquer assunto novo, devemos começar com o básico. Em sua maioria, os conflitos são um tanto embaraçosos. Não queremos lavar a roupa suja diante dos outros, e por isso nos calamos sobre as nossas rixas. Assim, o nosso silêncio lança a mensagem de que casais saudáveis e normais não brigam, e de que todas as brigas devem ser más ou vergonhosas. Não é este o caso. Exponho aqui três coisas básicas sobre o conflito:

O conflito é universal

Todo casal tem desavença. Isso se deve, parcialmente, ao fato de que cada pessoa é única e enxerga as situações de modo diferente. Eu penso que devemos limpar a cozinha enquanto cozinhamos; Tami acha que devemos fazê-lo depois de havermos comido. Acho que certas cores ficam bem juntas; Tami discorda fortemente. Tenho certos planos de paisagismo para o nosso quintal; Tami tem planos diferentes. Estas são apenas algumas de nossas diferenças. Você e o seu cônjuge têm as de vocês. Tais diferenças conferem variedade e comoção à vida. E também conduzem a discordâncias que viram conflitos. O conflito é uma oportunidade de expressarmos o nosso ponto de vista e compreendermos o de nosso cônjuge.

Um lar livre de conflitos é irreal. O conflito e o restabelecimento da paz são a autenticação da verdadeira intimidade. Dois indivíduos maduros procuram viver em harmonia, como casal, mas compreendem que as diferenças de personalidade levarão, naturalmente, a certo grau de conflito. Não obstante, cada conflito saudável termina em resolução e reconciliação. A resolução pode não ser o que esperávamos, mas só uma criança mimada insiste em sempre fazer do próprio jeito.

O conflito é normal

Uma disputa conjugal não é necessariamente um indício de problemas. O conflito é natural e inevitável. Qualquer dupla que passe muito tempo junto terá a sua parcela de discórdia. Contudo, um conflito não é o mesmo que uma disputa. A disputa é algo negativo, crítico e geralmente destrutivo. O Livro de Provérbios ensina-nos que a mulher contenciosa é como "um gotejar contínuo" (Pv 19.13). Obviamente, isso se aplica também ao marido contencioso. As disputas são exaustivas; esgotam-nos e fazem-nos sentir um tanto enlouquecidos. Elas tendem a ser circular: não levam a lugar algum. Os conflitos movem-se rumo a uma conclusão e, se tratados com maturidade, tornam o casal melhor que antes. O pior modo de se lidar com o conflito é:

- evitar,
- ameaçar,
- cavar o passado,
- culpar,
- depreciar,

- explodir,
- manipular,
- recusar reconciliação,
- tentar vencer, em vez de resolver.

O conflito é uma oportunidade

O valor do conflito está em como resolver as dificuldades. No processo, porém, muito mais coisas podem ser realizadas.

Uma discordância é uma oportunidade para demonstrar sinceridade com nossos sentimentos, sem magoar ou ser abusivo. Através de um conflito, passamos a compreender melhor o nosso cônjuge, os seus gostos e aversões, o que é importante para ele, em que áreas ele é sensível, e no que ele acredita. Isso pode ser uma empolgante interação, porque quando ambos compreendemos essas áreas de nossa vida, movemo-nos para uma proximidade maior em nosso casamento.

O conflito não precisa pôr uma cunha entre nós e o nosso cônjuge; ao contrário, pode manter-nos unidos e mais pertos de um entendimento. "Como o ferro com o ferro se aguça, assim o homem afia o rosto do seu amigo" (Pv 27.17). Se o conflito é abordado com uma atitude saudável, ambos os cônjuges saem aprimorados. Um respeitará o outro quando a discórdia for resolvida, e ambos crescerão no relacionamento. Todavia, isso só acontecerá se o conflito ocorrer num contexto de amor, com ambos os cônjuges concordando em lutar justamente.

Prepare-se para o Ponto Seis

A maioria dos casais não é criativo nos conflitos. Eles tendem a repetir a mesma velha luta até memorizar cada linha. Entretanto, existem seis áreas nas quais os casais frequentemente confinam as suas desavenças. Na verdade, ao longo da vida conjugal, estamos sujeitos a ter ao menos uma luta em cada uma das seguintes áreas:

Fator de conflito # 1: Dinheiro

Uma vez ao mês, Tom paga as contas, e este é o dia que Brigit mais odeia.

"Para que é este cheque?"

"Como a fatura deste cartão de crédito ficou tão alta?"

"Porque você não se mantém dentro do orçamento?"

A cada pergunta, Tom se torna mais sonoro, mais vermelho e mais intenso, até começarem uma briga. O conceito-chave para esta área é **administrar** o dinheiro.

Façam um orçamento e mantenham-se nele.

Ajustem o orçamento para incluir dízimo e ofertas, poupança e investimentos.

Nunca usem crédito que não possa ser pago rapidamente, ou em itens que não sejam seguros.

Concordem sobre qualquer compra acima de 100 reais.

Separem para ambos uma quantia igual de dinheiro pessoal.

Agradeçam a Deus todos os dias por tudo o que possuem.

Fator de conflito # 2: Familiares e parentes por afinidade

Nossos pais e familiares são-nos importantes, mesmo que nos deixem loucos. O nosso cônjuge provavelmente sente o mesmo por seus pais e parentes. A família original é importante a todos nós. Alguém já afirmou que se casar com uma pessoa é casar-se com a família dela. Eis aqui alguns princípios para diminuir os conflitos sobre a **família**:

Descubram maneiras de honrar aos pais um do outro.

Sempre mantenham a família fora dos conflitos conjugais.

Certifiquem-se de nunca diminuir ou atacar a família um do outro.

Incluam os parentes em seus planos de feriados.

Amem as pessoas que o outro ama.

O cônjuge deve sempre ter prioridade sobre os familiares e parentes afins.

Fator de conflito # 3: Paternidade

Cada pai tem o seu estilo de lidar com os filhos. Tais estilos podem ser uma adoção do modo como a pessoa foi criada, ou uma reação contrária à criação que recebeu. Um pai pode ser rigoroso, enquanto o outro, talvez, seja mais condescendente. Um pode ter altas expectativas, enquanto o outro é mais acomodado. Um pode focalizar o desempenho acadêmico enquanto o outro enfatiza as etiquetas sociais. Os cônjuges não devem deixar que as suas diferenças diminuam o fato de que ambos amam aos filhos. Lembrem-se de que o importante é exercerem — juntos — *uma paternidade sábia.*

A consistência é crucial.
Sejam pacientes com os erros e imaturidades.
Identifiquem os pontos fortes de seus filhos e construam sobre eles.
Façam-nos saber, diariamente, o quanto são amados.
Não gritem com os filhos, nem os depreciem.
Cuidado com reações exageradas.
Inspirem aos filhos um comportamento melhor.
Estabeleçam limites razoáveis, e cumpram as consequências caso sejam quebrados.
Expressem respeito e intimidade um pelo outro, mesmo quando discordam em alguma área da paternidade.

Fator de conflito # 4: Sexo

A afeição e a sexualidade são aspectos muito pessoais no matrimônio. Para começar, homens e mulheres sempre tratam estas áreas de modo bem diverso. A afeição e a sexualidade são expressões do nosso amor, mas podem facilmente ser torcidas e contaminadas. A atitude de nossos pais para com o sexo, o abuso infantil, as experiências na adolescência, os impulsos fisiológicos, a segurança emocional, a autoimagem, o discernimento pessoal, as expectativas conjugais e inúmeros outros fatores determinam como lidamos com esta área. Não nos esqueçamos, porém, que um relacionamento sexual saudável dentro do contexto do casamento é decisivo para o *vínculo matrimonial.*

Seja sensível com as necessidades e áreas de conforto do seu cônjuge.
Prepare um ambiente romântico.
Note como as mulheres soletram sexo: C-O-N-V-E-R-S-A.
Não exija sexo nem manipule por ele.
Tome a iniciativa da relação sexual ao menos uma vez por semana.
Nunca precipite o romance.
Entregue-se ao seu cônjuge com uma atitude gentil, bondosa e centrada nele.

Fator de conflito # 5: Trabalho doméstico

"Simplesmente não é justo!"
"Faço 80% do serviço de casa".
"Ela simplesmente deixa a casa fora de controle".
"Por que eu sempre tenho de lembrar-lhe de fazer o que prometeu?"

Em nosso mundo frenético, atarefado e apressado, quem faz o quê em casa pode transformar-se em discussão acalorada. Certos trabalhos têm de ser feitos. Mas quem deve fazê-lo? Deveria ela ser responsável por cozinhar, limpar e manter a agendar familiar? Teria ele o dever de administrar as finanças, cuidar do quintal e levar o lixo para fora? O que é realmente justo?

Seja qual for o modo de distribuirmos essas tarefas caseiras, não podemos nos esquecer da importância do *trabalho em equipe*.

Falem de suas expectativas.
Façam mais do que a sua parte.
Assumam áreas de responsabilidade.
Assegurem-se de que os filhos sejam envolvidos.
Trabalhem juntos nas tarefas.
Organizem "momentos de trabalho" e "momentos de diversão".
Reconheçam, apreciem e agradeçam ao que o outro faz.
Estejam abertos a reavaliações periódicas de quem faz o quê, e façam reajustes apropriados.

Fator de conflito # 6: Comunicação.

Esta é uma área-chave para qualquer casamento saudável. Se não conseguimos nos comunicar claramente com o cônjuge, acabamos presos num círculo de conflitos sem fim, em pelo menos uma das áreas acima, ou talvez em todas elas. Dificuldade com a comunicação é o problema número um para muitos casais. Se levarmos a sério esse assunto, muitas das outras complicações de nosso relacionamento serão resolvidas. Portanto, memorizem os passos a seguir e aprendam a *comunicar-se* realmente.

Comprometa-se a ouvir atenciosamente.
Disponha-se a conversar sempre que o seu cônjuge desejar.
Atenda às necessidades do cônjuge sem reclamar.
Tenha bons modos.
Compreenda que palavras negativas causam grande prejuízo.
Nunca vão zangados para a cama.
Inicie uma conversa positiva.
Elogie diariamente.
Preste atenção aos sentimentos de seu cônjuge.
Sempre repita ao cônjuge o quanto ele é amado.
Expressem a sua apreciação a Deus, conservando-se sempre unidos.

Identifiquem o Assunto Real

Os casais brigam, geralmente, pelas coisas mais tolas: cores, roupas, direção, memórias, televisão, restaurantes e inúmeras outras insignificâncias semelhantes a essas. Tais coisas podem ser triviais, mas geralmente são sintomas de algo mais profundo. Então, definamos primeiro a dificuldade, para depois explorar abaixo da superfície.

Nem todas as dificuldades são iguais. Por isso devemos separar tempo para determinar que tipo de conflito estamos atravessando. Existem quatro espécies de dificuldades:

- Uma diferença. Não há duas pessoas iguais. Certamente possuem opiniões e perspectivas diversas.
- Um problema. É uma dificuldade que precisa ser tratada, e para a qual existe uma solução possível.
- Um apuro. É um problema severo, para o qual não há uma solução fácil ou satisfatória.
- Uma crise. É um apuro realmente grande, com um extremo senso de urgência.

Agora que sabemos com o que estamos lidando, podemos ir para o próximo passo: abaixo da superfície.

Cada um pergunte a si mesmo qual é a sua necessidade oculta, e qual a do cônjuge. Descubram a causa real do conflito. Não se distraiam com os detalhes. Olhem para o âmago da questão. O que vocês desejam?

- Estar certo
- Ser ouvido
- Ser amado
- Sentir-se seguro
- Ir em frente
- Proteger-se
- Proteger alguém mais
- Ser respeitado
- Ser compreendido
- Compreender

Ao admitirem a real necessidade, estarão prontos para o que pode ser a parte mais importante deste processo.

Assumam a Responsabilidade

Vivemos em um mundo de bebês chorões, onde assumir responsabilidades é a exceção, em vez da regra. Culpamos qualquer um e todo mundo quando enfrentamos uma dificuldade: o governo, nossos pais, nossos filhos, nossos vizinhos. Se não conseguimos ir adiante, podemos lançar a culpa sobre o Diabo e, às vezes, até sobre Deus. No casamento, somos rápidos em culpar o cônjuge.

É tempo de arcar com as responsabilidades. Você diz que a falha é 75% de seu cônjuge. Bem, não me importo se 99% forem culpa dele! Em todo conflito, você tem ao menos alguma responsabilidade, ainda que seja uma pequena fração. Lembre-se de que são necessárias duas pessoas para uma briga. Então, responsabilize-se por:

- sua parte
- suas emoções
- suas atitudes
- suas palavras
- suas ações

Ao falar de sua parte no conflito, certifique-se de usar "Eu" em suas declarações (tais como "Eu sinto", "Eu fiz"). Na maioria dos conflitos, os casais caem no erro de fazer declarações com o "Você" ("Você disse", "Você fez"). Isso aciona a defesa e avoluma o conflito. Se queremos um conflito saudável, assumamos as responsabilidades.

Estabeleçam Regras para o Conflito

Os conflitos podem, rapidamente, passar de uma oportunidade para fortalecer o relacionamento a algo desagradável, em que coisas dolorosas são ditas e feitas. O propósito de um conflito é elevar um relacionamento, e não sair vencedor. Para conseguir isso, muitos casais têm desenvolvido "regras para o conflito". São diretrizes a seguir, a fim de se manter a desavença sob controle. Citamos abaixo seis regras que os casais têm julgado mais proveitosas.

- *Escolham o local e o momento certos*. Adiem os conflitos quando estiverem cansados, estressados ou com raiva. E evitem conflitos em público ou diante dos filhos.

- *Mostrem respeito.* O modo como se luta é mais importante do que ter razão. Ataque o problema, não a pessoa. E nunca atinja abaixo da cintura.
- *Atenham-se a uma questão por vez.* É fácil um assunto levar a outro. Logo, achamo-nos subjugados por muitos dados envolvendo assuntos demais. Isso aumenta a tensão e reduz a chance de alguma coisa ser resolvida!
- *Fiquem no presente.* Deixem o passado no passado. O que já foi discutido e resolvido não deve ser trazido de volta. Tornar-se preso ao passado não produz mudanças no presente.
- *Não interrompam.* Seria rudez e não permitiria que o cônjuge fosse ouvido. Ouça-o atentamente, até que ele tenha terminado, e então lhe peça que escute o que você tem a dizer.
- *Peçam um intervalo, se for preciso.* Infelizmente, os conflitos tendem a intensificar-se. Quando isso acontecer, peçam um intervalo, cada um passe algum tempo a sós antes de retomar a discussão.

Mantenham a Calma

Lemos na Bíblia que cada um de nós "seja pronto para ouvir, tardio para falar, tardio para se irar" (Tg 1.19). Em qualquer conflito, o que dizemos pode funcionar como cobertor ou gasolina. Quando um fogo está apenas começando, um cobertor pode abafar as chamas, enquanto a gasolina pode causar uma explosão, que deixa tudo fora de controle. Sejamos um cobertor e façamos o possível para esvaziar qualquer conflito que esteja fugindo ao controle. Quanto mais perturbados ficamos, mais acentuada é a nossa pulsação. À medida que as batidas de nosso coração se aceleram, a nossa respiração se intensifica e o nosso sangue deixa de ser adequadamente oxigenado. Sem oxigênio suficiente, o nosso cérebro não pensa claramente, e o conflito torna-se irracional. Então, diminua o ritmo, respire profundamente e mantenha a calma.

Respire.
Tome um banho.
Dê uma caminhada.
Tire uma soneca.

E também faça o possível para acalmar e relaxar o seu cônjuge. Fale suavemente, ouça e seja positivo. A oração é outra grande estratégia calmante. Orem juntos, antes e depois de abordar cada conflito. É surpreendente como uma oração sincera pode, rapidamente, levar o conflito a bom termo.

Resolvam

Alguns conflitos parecem nunca terminar; estão sempre recomeçando. Toda luta precisa ter um fim, pois é aí que se dá o desfecho e a limpeza. Não alcançar alguma forma de resolução é falhar no conflito. Então, deixamos aqui os três principais métodos de resolução.

- Acomodação. É onde dizemos: "Mudarei".
- Aceitação. Aqui cedemos: "Aceitarei que você não mude".
- Acordo. É onde concordamos: "Ambos mudaremos".

Agora vocês têm alguma forma de resolução, embora temporária. Uma importante parte da resolução é certificar-se de que ambos entenderam aquilo sobre o que concordaram.

- O que você acabou de resolver?
- O que deve ser feito a seguir?
- Quem o fará?
- Quando estas coisas precisam ser completadas?

Com uma resolução, podemos agora seguir adiante.

Avaliar e Interrogar

Todo conflito é uma oportunidade para conhecer melhor um ao outro. Os times de esportes profissionais assistem a filmagens dos próprios jogos, apenas para avaliar o que fizeram certo e onde precisam melhorar. Após cada conflito, devemos tentar a mesma coisa. Eis aqui 10 questões que os ajudarão a melhorar os conflitos e a ficar mais próximos um do outro.

1. De que maneira você ouviu?
2. O quanto você foi honesto?
3. Você disse alguma coisa que desejaria não haver dito?
4. Você assumiu a responsabilidade por sua parte?
5. Você obedeceu às regras do conflito?
6. O que você fez que piorou a situação?
7. O quanto você foi flexível?
8. O que você aprendeu desse conflito?
9. O que você faria de diferente na próxima vez?
10. Como você pode comunicar o seu amor, apesar de discordarem?

Usem suas respostas para interrogar um ao outro. Aprendam dos próprios erros como ser um "lutador" amoroso.

Reconciliação

No início de nosso casamento, Tami e eu costumávamos brincar dizendo que apreciávamos uma boa briga, porque era muito agradável fazer as pazes. Quanto maior o conflito, maior a reconciliação. Esta é a chave para uma boa luta.

Antes de tudo, peça desculpas pelos pensamentos, atitudes, palavras ou ações erradas. Não espere que o cônjuge comece a fazê-lo. Muitas vezes, ficamos à espera 0que o outro tome a iniciativa. Se dermos o primeiro passo, o nosso cônjuge nos seguirá. Ken Sande, em seu livro, *O Pacificador*, sugere que perdoemos um ao outro com as quatro promessas do perdão:

- Não mais me deterei neste incidente.
- Não mais mencionarei este incidente, nem o usarei contra você.
- Não falarei com os outros acerca deste incidente.
- Não permitirei que este incidente se interponha entre nós, ou atrapalhe o nosso relacionamento.

Finalmente, ambos devem começar a ter um comportamento positivo e amoroso. Se vocês se amam, demonstrem-no. Cresçam e reconciliem-se.

Encorajem um ao outro e digam coisas agradáveis. Um conflito pode ser exaustivo e deixar a pessoa fragilizada. Cuidem um do outro. Divirtam-se e relaxem. Desfrute o tempo juntos enquanto refazem a conexão. Sejam gentis e compassivos. Um dos melhores jeitos de terminar uma briga é dando um abraço. Não um abraço vigoroso, sexual, ou indiferente, mas genuíno, terno, do tipo amo-você-de-todo-o-coração.

Um abraço sincero é símbolo de reunião emocional e física, que lhes recorda estarem ambos no mesmo time.

A reconciliação realmente faz-nos sentir melhor.

Resumo

Nem sempre os casais concordam. Às vezes, temos uma ótima solução, e o nosso cônjuge acha que a dele é melhor — muito melhor. Temos forte convicção de nosso ponto de vista, mas o nosso cônjuge bate o pé, igualmente convicto do dele, (que por acaso é totalmente oposto ao nosso).

As palavras voam.

Os espinhos se alongam.

O conflito de agrava.

Você já passou por isso antes, e eu também. O desafio é: como lidar com o conflito, quando há dois porcos-espinhos vivendo na mesma casa?

O segredo é simples: preocupe-se mais em saber se está ferindo o seu cônjuge do que se ele está ferindo você. Quando gentil e respeitosamente abaixamos os espinhos, o cônjuge fará o mesmo. Isso não significa que devamos evitar os conflitos; significa que devemos resolver as coisas de um modo que não fira o outro. Assim fazendo, a ira e a frustração serão apaziguadas. O assunto será resolvido, o casal se entenderá melhor, e ambos descobrirão que até mesmo um conflito pode aproximá-los.

Projetos para o Corredor

1. Discutam um dos principais conflitos que vêm tendo ultimamente e como poderão resolvê-lo.

2. Recapitulem o último conflito que tiveram, deixando vir à tona. Que necessidades encobertas cada um de vocês acha que estavam presentes? Quais delas eram necessidades do outro?

3. Entrem num acordo sobre pelo menos seis regras para o conflito. Escrevam-nas em um papel e fixem-no onde ambos possam ver e se lembrar delas.

4. Anotem qualquer conflito que vocês tiveram no casamento, e que ainda não foi resolvido. Conversem sobre que método de resolução aplicarão a cada conflito: acomodação, aceitação ou compromisso.
5. Vão juntos ao seu restaurante favorito e partilhem suas respostas a 10 questões avaliatórias sobre o último grande conflito que tiveram.

6. Pensem em pelo menos 10 maneiras de reconciliar-se após uma desavença. Tentem algumas delas no próximo conflito.

8

O ABRIGO

Projetos para as Crises

A tempestade avizinhava-se.

Eu tinha quase oito anos, e a escola mandara-nos para casa mais cedo. Orientaram-nos a encontrar um lugar seguro em casa, onde não houvesse janelas, deitar no chão e esperar o vento passar. No Oregon, não era comum haver tempestades, e eu nada conhecia sobre furacões, tufões ou ciclones. Eu sabia que um ciclone podia levantar uma casa e arremessá-la ao longe.

Eu estava sozinho em casa; meus pais não retornariam antes de umas três horas. Sentei-me à mesa da cozinha e comi biscoitos com leite. E então, o vendaval começou. O vento assoprava tão forte, que a casa estremecia; as janelas chacoalhavam, e eu orava. O vento uivava cada vez mais forte, até me fazer pôr os dedos nos ouvidos. Espiei cauteloso pela janela da cozinha, e vi uma árvore tombar, fendendo o solo, num redemoinho de cascalho, folhas e entulhos. As lâmpadas piscaram, e depois se apagaram. A esta altura, achava-me realmente nervoso.

Corri freneticamente pela casa, procurando um lugar seguro, mas todos os cômodos tinham janelas. A tormenta estava piorando, e eu não tinha abrigo!

De repente, ouvi uma pancada na porta. Era a senhora Schultz, nossa vizinha.

— Você está bem? — Perguntou-me.

— Não consigo achar um lugar seguro.

— Venha. Nós temos um abrigo.

Ela tomou-me pela mão, e fomos para a sua casa.

Toda casa precisa de um abrigo, um lugar onde refugiar-se, quando as tempestades assolam. Esses lugares podem ser chamados de refúgio contra tempestades, ou abrigo antidesastres. Não importa como os chamemos, o seu propósito é ajudar-nos a estar seguros nas emergências.

Quando Tami e eu construímos a nossa casa, designamos uma despensa, bem no meio do andar principal, como o nosso abrigo. Ela era bem suprida com garrafas de água, alimentos enlatados, velas, lanternas, um kit de primeiro socorros, e quaisquer coisas de que pudéssemos precisar numa emergência. Quando uma tempestade se levantasse, estaríamos preparados.

Intimidade nas Crises

A vida raramente desenrola-se do modo como sonhamos. Ela é cheia de voltas e guinadas bruscas. Em cada esquina, há uma surpresa em potencial: algumas trazem grandes celebrações; outras, grandes crises. O casamento, como a vida, raramente corre tão suave quanto gostaríamos. Não importa o quanto planejemos ou preparemos, alguns acontecimentos apanham-nos desprevenidos. As cerimônias de casamento podem dar-nos uma ideia do que acontece ao longo da vida conjugal. São anos de sonhos sobre uma cerimônia nupcial perfeita, e muitos meses diligentemente empregados na orquestração de cada detalhe. Quando o grande dia finalmente chega, a noiva e o noivo são envolvidos na magia do momento. Então, algo sai inevitavelmente errado. A maioria das cerimônias a que já assisti teve as suas ocorrências não planejadas: desde bebês chorando e cantores afônicos a noivas desmaiando e falta de energia elétrica.

É assim que os casamentos começam.

Tentamos, com todo empenho, planejar a perfeição, mas acabamos tendo de admitir que há muita coisa na vida que não somos capazes de controlar. O casamento é cheio de crises inesperadas — algumas parecem pequenas e relativamente fáceis de resolver; outras, porém, abalam-nos o coração.

Estas dificuldades podem destruir-nos o matrimônio, ou fazê-lo mais forte.

Podem separar-nos, ou aproximar-nos.

Desafortunadamente, quanto maior a crise, mais cambaleante se torna o relacionamento. Na hora em que o casal mais precisa de intimidade, comunicação e compaixão, é justamente quando cada um se retrai, deixando o outro sofrer sozinho a dor, o medo e a confusão.

As crises vêm em muitos tamanhos e aromas. Mais cedo ou mais tarde, acabam atingindo o nosso relacionamento. Embora seja quase impossível estarmos totalmente preparados, é importante que o casal converse sobre as crises mais comuns e discutam como lidariam com elas, caso lhes sobreviessem. Por isso, mencionamos aqui nove oportunidades sérias para se praticar a intimidade na crise.

A Morte de um Ente Querido

Era uma simples brincadeira.

A brincadeira que Jason, de quatro anos, mais gostava de fazer com a sua mãe. Tão logo o caminhão do correio entrava no beco sem saída, onde moravam, a mãe dizia: "Já!" E Jason corria o mais rápido que lhe permitiam as perninhas, atravessando o jardim e a rua, até a caixa do correio.

O primeiro a chegar lá, vencia.

A mãe sempre dava a Jason alguns passos de vantagem, e ele era sempre o primeiro a alcançar a caixa. Chegando lá, o menino levantava as mãos acima da cabeça e gritava: "Ganhei! Ganhei!"

Num dia brilhante de primavera, a mãe disse: "Já!" Jason fez a sua última corrida através do jardim e da rua, sem jamais chegar à caixa do correio. Quando a mãe viu o carro entrando velozmente no beco, era tarde demais.

O ranger dos freios.

A pancada da pequena cabeça sobre o asfalto.

A mãe chorou, segurando nos braços o filho, enquanto ele ofegava e deslizava para a inconsciência.

O pai de Jason não podia perdoar a esposa pela brincadeira estúpida. O silêncio doloroso de ambos despedaçou o relacionamento e, dois anos mais tarde, divorciaram-se.

Tragicamente, dentro de cinco anos da morte de um filho, 75% dos casais se divorciam. No momento em que o esposo e a esposa precisam, mais do que nunca, um do outro, constroem muros à volta do coração e carregam, sozinhos, o luto inimaginável.

Outras mortes também representam golpes significantes. A morte de um pai, ou mãe, é difícil, não importa a idade que tenhamos. Mas quando é repentina e inesperada, o golpe é duplo. Sequer posso imaginar a vida sem papai ou mamãe.

A morte de minha avó foi particularmente difícil. Ela me contara, certa vez, que orava por mim todos dos dias de minha vida, e era tal a sua fé, que tenho certeza de que o fazia. Quando ela morreu, Tami permaneceu ao meu lado, caminhou comigo, e ouviu todas as minhas histórias sobre a vovó Blanche.

Nossos filhos.

Nossos pais.

Nossos avós.

Todas essas perdas nos afetam. Criam um buraco, um vazio, uma tristeza que tem de ser partilhada. O choque, a depressão, a solidão, a ira, o remorso, a dor e a perda precisam ser expressadas a alguém que possa entender. O nosso cônjuge é esta pessoa. O retraimento torna-nos prisioneiros do pesar, ou endurece-nos o coração em recalque e negativismo.

As pessoas nunca se conformam com uma perda significativa, mas aprendem a prosseguir, apesar do vazio que carregam pelo resto de seus dias.

O fato é que o casal precisa um do outro para sobreviver à morte de um ente querido, ou a qualquer outra perda dolorosa. São vários os tipos de perdas que podem desencadear uma crise: perda de segurança, amizade, emprego, sonhos, confiança, ou mesmo objetos valiosos. Qualquer uma dessas coisas tem o potencial de estremecer-nos pessoalmente, e, por conseguinte, ao nosso matrimônio.

Dificuldades Psicológicas

— Tem alguma coisa errada com o meu marido — disse a mulher, agitada, no outro lado da linha.

— Quais os sintomas dele? — Perguntei.

— Ele não sai da cama. Fica lá, olhando para o teto. Quando tento conversar, tudo o que ele fala é: "Não consigo fazê-lo. Não consigo". Ele fica repetindo isso, sem parar.

Scott sempre fora um trabalhador esforçado. Finalmente, porém, a pressão de um emprego exigente levara-o ao limite, e ele tivera um colapso. A partir de então, Scott nunca mais foi o mesmo. Em vez de forte e confiante, mostrava-se frágil e inseguro. Encontrou um novo emprego, com a metade do salário, e passou a dormir muito mais que antes.

Apesar de tudo, Catelyn perseverou ao seu lado. Com o tempo, Scott voltou a rir e recuperou muito do que havia perdido. Esse casal permaneceu junto na crise emocional. Foi duro, mas Catelyn desenvolveu uma paciência, sensibilidade e força, das quais nunca se julgara capaz. Entrementes, Scott sentiu o seu amor por ela, e isso proveu a atmosfera que conduziu à restauração.

Lutas emocionais são difíceis de prever e antecipar. Todavia, à medida que a nossa cultura se torna mais apressada e complexa, elas atingem um grande número de casais. Eis aqui algumas das lutas emocionais mais comuns.

- Ansiedade
- Desordem obsessiva-compulsiva
- Fobias
- Ataques de pânico
- Desordem bipolar
- Depressão
- Desordem de déficit de atenção
- Problemas de descontrole da ira
- Desordem de estresse pós-traumático

- Esquizofrenia
- Psicose ou demência

Essas são apenas algumas das coisas que podem atingir um casal e afetar-lhe a intimidade. Se o seu cônjuge luta com dificuldades emocionais, fique ao seu lado e mostre-lhe como é o verdadeiro amor prático. Se você luta mental ou emocionalmente, procure ajuda profissional, e ore para que o seu cônjuge tenha paciência.

A boa notícia é que, com tratamento adequado, determinação pessoal, e um cônjuge apoiador, a maioria das dificuldades emocionais será sanada. O frustrante é que elas raramente melhoram tão rápido quanto gostaríamos.

Problemas de Saúde

Corri para golpear a parede com a raquete. Foi então que ouvi o meu tornozelo romper-se, e caí de rosto no assoalho de madeira. Pelos próximos três meses, movi-me numa perna só.

Tami comenta que aqueles foram alguns dos meses mais difíceis de nossa vida conjugal. Eu encontrava-me praticamente inutilizado, e muito do que eu costumava fazer recaiu, então, sobre os ombros dela. Doenças ou ferimentos lançam uma quantidade extra de estresse sobre o matrimônio, que com o tempo pode tornar-se esmagadora.

Na terça-feira, Janice estava bem.

Na quarta, sentia fortes dores de cabeça.

Na quinta, um aneurisma rompeu-se no cérebro, e o lado direito de seu corpo paralisou-se completamente.

Janice era uma talentosa e atraente mulher de trinta e dois anos, agora confinada, permanentemente, a uma cadeira de rodas — incapaz de falar claramente, de alimentar-se sozinha, ou ir ao banheiro sem ajuda.

— Você não merece isso — disse ela a Rich, numa pronúncia indistinta, que levou alguns momentos para ser compreendida. — Não é justo para você. Interne-me numa clínica e esqueça-me. Prossiga com a sua vida.

Rich correu os dedos pelos cabelos loiros dela, antes sedosos, e agora sem brilho. Com as lágrimas no canto dos olhos, ele assegurou:

— Você é meu amor. Não sei por que Deus permitiu isso, mas estarei sempre ao seu lado.

Isso é intimidade na crise.

Durante os cinco anos seguintes, Janice e Rich desenvolveram um senso de intimidade que nunca haviam conhecido antes. Então, numa noite gelada de dezembro, ela morreu. No funeral, Rich falou das dificuldades desde o aneurisma. "Mas de algum modo, tudo valeu a pena, porque nos tornamos mais próximos nos últimos anos que em qualquer outra época de nosso casamento".

Talvez possamos evitar os desafios de uma doença ou um acidente, mas nenhum ser vivo pode fugir ao envelhecimento. À medida que o tempo passa, o nosso corpo já não é tão elástico, rápido ou flexível quanto antes. Esta é a condição humana, e ao envelhecermos, tornamo-nos mais e mais suscetíveis a problemas de saúde.

Gosto muito de observar os casais idosos, que se acham casados há um longo tempo. São os que se mantiveram firmes através das intempéries da vida, e aprenderam que as crises forjam o caráter. Para eles, os problemas de saúde são como a chuva no Oregon: acostumamo-nos a ela. Carregamos um grande guarda-chuva, aconchegamo-nos, e tentamos permanecer o mais seco possível.

Desafios dos Filhos

Os filhos são cheios de vida e alegria, mas são capazes de levar os pais à loucura. E também podem partir-nos o coração. Quando eles representam desafios, é importante os pais permanecerem juntos, como uma equipe. Alguns desafios, como problemas com o dever de casa, choradeira, falta de apetite, resistência à hora de ir para a cama, ou rivalidade entre irmãos são razoavelmente normais. Devemos saber lidar com essas coisas. Apesar de estressantes, elas raramente se avolumam a ponto de virarem crise. Alguns casais estabelecem um acordo, desenvolvem um plano, e arranjam um modo de cumpri-lo consistentemente.

Contudo, quando os filhos chegam à adolescência, a paternidade geralmente torna-se mais difícil. Os pais estão sempre me dizendo: "O que aconteceu à minha garotinha maravilhosa?" ou "Meu filho costumava ser tão bom". Repentinamente, pequenas frustrações tornam-se grandes problemas e, em muitas famílias, instaura-se uma crise. Alguns desafios são apenas difíceis, mas outros podem ser esmagadores. Coisas como violência, evasão da escola, provocação e rebeldia, relação sexual, uso de drogas ou álcool, ou problemas com a lei, podem levar o casal à bancarrota.

Jonny, de dezesseis anos, pegou o carro da família, sem permissão, para um passeio divertido com os amigos. Os rapazes ingeriram uma caixa de cerveja e correram demais. O carro virou, e todos eles foram parar no hospital. Os ferimentos revelaram-se mínimos, mas o carro teve perda total. Uma semana mais tarde, os pais de Jonny encontraram um pacotinho de maconha em seu quarto. O pai entendeu que era a última gota, e que o filho precisava de um castigo sério. A mãe quis que o filho tivesse mais uma chance. Logo, os pais estavam mais aborrecidos um com o outro que com o próprio filho.

Com demasiada frequência, os desafios de se ter um adolescente transformam-se em crises no casamento. Preocupações paternas logo se estendem para além da família, ramificando-se para as áreas acadêmicas, legal, moral, social e de segurança. A esta altura, o pai e a mãe enxergam o problema de modo diferente, e passam a confrontar um ao outro, em vez de ao filho. Quando um casal não exerce a paternidade em equipe, todos sofrem — especialmente os filhos.

Quer vocês estejam lidando com assuntos de abuso sexual ou deficiência no aprendizado, desordens alimentares ou rejeição da fé, os seus filhos precisam vê-los trabalhando unidos, como um casal. Evitem opor-se um ao outro diante deles. Caso discordem sobre algum ponto, discutam-no em particular. Se um vê a situação como uma crise, e o outro não, sejam sensíveis um com o outro.

A despeito da situação, lembrem-se de duas coisas: (1) Vocês dois amam aos filhos, mesmo que enxerguem as coisas de modo diferente. (2) Trabalhar juntos não significa total concordância.

Lutas Financeiras

— Por favor, não tente me impedir — pediu Rob, sem emoção. — Este é o único jeito. O seguro de vida pagará os nossos débitos maciços e proverá o suficiente para Heidi viver pelo resto de sua vida.

Eu não podia acreditar que Rob estivesse, seriamente, contemplando o suicídio. Tinha de haver mais alguma coisa.

— O que Heidi fala de suas dívidas? — Indaguei.

— Ela não sabe da metade delas — confidenciou Rob. — Eu não queria preocupá-la com detalhes desagradáveis, por isso guardei tudo comigo.

Esse foi o maior erro de Rob!

Quando guardamos uma luta conosco, ela tende a piorar. O que é opressivo para um pode ser facilmente tratado por dois. Dificuldades financeiras podem sobrevir a qualquer casal. Quando a nossa segurança acha-se ameaçada, é fácil entrar em pânico. Contudo, esse tipo de desafio também pode ser um lembrete de que aquelas coisas que o dinheiro não pode comprar são as mais importantes.

Depois de nossa conversa, Rob foi para casa e falou honestamente com Heidi. Juntos, eles desenvolveram um plano para lidar com a enorme dívida. Durante os três anos seguintes, viveram parcamente. Venderam grande parte do que possuíam, plantaram uma horta, deixaram de comprar jornal, andavam de ônibus, compravam em lojas populares e arranjaram mais um emprego.

O que parecia uma situação desesperada tornou-se uma dádiva, em que o casal aprendeu que, quando perseveramos juntos, com a ajuda de Deus, podemos lidar com qualquer coisa. De vez em quando, acreditamos que o dinheiro pode comprar felicidade, mas não pode.

Ao mesmo tempo, as finanças fazem parte da vida, e as lutas financeiras podem, facilmente, suscitar uma crise no relacionamento. Vivemos num mundo onde parece haver uma etiqueta de preço em quase tudo. Não deixemos, todavia, que as finanças causem dano ao nosso relacionamento. Desastres naturais, perda de emprego, investimentos insensatos, esbanjamento, roubo, ou emergências médicas dispendiosas ocorrem na vida de qualquer casal. Todas essas coisas podem levar a uma crise financeira, mas podemos sobreviver a todas elas. Tais acontecimentos fazem parte da vida. Jesus admoesta-nos a não nos preocuparmos com alimento ou vestimenta. "Mas buscai primeiro o Reino de Deus, e a sua justiça, e todas essas coisas vos serão acrescentadas. Não vos inquieteis, pois, pelo dia de amanhã, porque o dia de amanhã cuidará de si mesmo" (Mt 6.33,34a).

Desapontamentos e Mágoas

Todos temos uma ideia própria de como seria um bom casamento.

A mulher talvez pense que o marido deva cuidar de todas as necessidades financeiras, ser trabalhador, calmo e incrivelmente romântico. Ao mesmo tempo, deve ser um forte líder espiritual, um pai mantenedor, e uma figura altamente respeitada em sua comunidade.

Por seu turno, o homem talvez forme a imagem de uma esposa que mantém a casa impecável, esteja sempre em perfeita forma física, nunca fica estressada, e é capaz de fazer milagres com um orçamento limitado. Ela também deve ser a sua melhor amiga, uma hospedeira graciosa, e a companheira sexual mais excitante que alguém já imaginou.

A maioria de nós entra para o casamento com expectações irrealistas. Queremos que o nosso cônjuge realize todos os nossos sonhos, e raramente paramos para pensar em como não realizamos os dele. Devemos concentrar-nos no que faremos para ser o melhor cônjuge possível, e esperemos que o nosso cônjuge faça o mesmo.

Contudo, a despeito de quão empenhadamente tentamos satisfazer as expectativas um do outro, sempre haverá desapontamentos e mágoas. É como aprender a dançar juntos. A música pode ser maravilhosa, e o ambiente, inspirador, mas os dois dançarinos são humanos. De vez em quando, eles perdem um compasso, saem do ritmo e pisam um no pé do outro. No começo, pedem desculpas e ignoram a dor. Mas a coisa se repete vez após vez. Logo, desejarão deixar o palco. Simplesmente querem pôr fim a dor.

O matrimônio é uma dessas danças cheias de desapontamentos e dores. Para alguns casais, tais dificuldades vêm como um choque inimaginável, que causa mais divórcio nos primeiros anos que em qualquer outro período do casamento. Para outros, a dor acumula-se até que se sintam subjugados. Esses desapontamentos e mágoas manifestam-se de muitas maneiras:

- Insensibilidade
- Impaciência
- Esquecimento
- Hábitos irritantes ou ofensivos
- Palavras cruéis
- Egoísmo
- Preguiça
- Promessas quebradas
- Sonhos não alcançados
- Conflitos não resolvidos

Podemos até não ter consciência do que fizemos e de como pisamos no dedão e no coração da pessoa a quem amamos. Mas apesar de nossa intenção, houve prejuízo. Ignorar, defender, ou minimizar a nossa culpa só piora as coisas. Falar de modo gentil, respeitoso e humilde, e assumir a responsabilidade, pode acalmar o espírito da pessoa em quem pisamos e assegurar-lhe que, verdadeiramente, não queríamos machucá-la. Embora não haja meios de se evitar todos os desapontamentos e mágoas, ela pode confiar outra vez. E, durante um tempo acreditando no melhor um do outro, podemos aprender a "dançar" juntos, com graça e amor.

Vícios

— Ele é um ótimo marido — admitiu Shauna, — exceto quando bebe. Porque, então, ele se torna mesquinho e estúpido. — Tudo o que eu quero é tomar uma cerveja com os amigos, depois do trabalho.

— Se fossem apenas algumas cervejas, eu poderia viver com isso, denunciou Shauna. — Mas ele bebe até não se aguentar em pé. Não suporto mais.

Os vícios destroem o casamento.

Um dos maiores problemas do vício é que ele pode tornar-se tão absorvente, que acaba tirando a prioridade do cônjuge. Isso é especialmente verdade quanto aos "Cinco Funestos"

- Álcool
- Drogas
- Sexo/pornografia
- Jogatina
- Desordens alimentares

Estes comportamentos compulsivos geralmente envolvem desonestidade e disfarce. Eles destroem a confiança entre os pares e fazem da compulsão o centro da vida do viciado.

— Então, o que você escolhe? — Perguntei a Dwaine. — Você não pode ter ambas as coisas. A sua esposa precisa saber o que é mais importante para você: a sua pornografia, ou ela. Se você escolher a pornografia, ela irá embora. Se você a escolher, ela fará todo o possível para ajudá-lo a vencer o seu vício.

Dwaine olhou-me com lágrimas nos olhos.

— Amo a minha esposa, e provavelmente essa é a decisão mais imbecil que já tomei, mas não consigo viver sem a minha pornografia.

— Oh, sim, você pode! — Afirmei.

— Talvez eu não queira — admitiu. — Já me decidi, então se cale e deixe-me em paz.

Não tem de ser assim.

O vício nunca é fácil, e lidar com ele sozinho pode ser desalentador, destruindo, geralmente, a pessoa e o seu matrimônio. Mas quando o casal persevera unido, busca ajuda apropriada, e se apoia em Deus, a situação aparentemente sem esperança pode ser superada.

Entretanto, não são apenas os "Cinco Funestos" que podem originar uma crise marital. Existem outros, menos viciadores, que também suscitarão uma crise, se forem deixados fora de controle. A obsessão por compras, trabalho, televisão, computador, *hobby*, ou esportes também pode ser danosa ao relacionamento.

O equilíbrio é sempre importante. Quando uma dessas coisas nos parece mais importantes que o nosso cônjuge, estamos encrencados. Perdemos o equilíbrio, encaminhamo-nos para uma crise, e estamos prestes a cair.

Falhas Morais

"Todos pecaram, e destituídos estão da glória de Deus" escreve Paulo em sua carta aos Romanos (3.23). Somos todos falhos, e todos erramos. De fato, todos fizemos coisas que esperamos jamais serem descobertas.

Na Inglaterra do século XIX, Sir Arthur Coanan Doyle, o autor das histórias de Sherlock Holmes, decidiu fazer uma brincadeira. Tarde da noite, ele enviou telegramas a cinco ou seis dos cidadãos mais proeminentes de Londres. A mensagem era simples:

DESCOBRI TUDO. PONTO. DEIXE LONDRES IMEDIATAMENTE, OU TUDO ESTARÁ IMPRESSO NO JORNAL DA MANHÃ. PONTO.

De manhã, bem cedo, Doyle foi visitar os receptores de seus telegramas. Para sua surpresa, nenhum deles estava em casa. Por algum motivo, durante a noite, cada um deles havia, misteriosamente, desaparecido da cidade.

Todos cometemos faltas morais, mas, certamente, falhas morais dentro do casamento transformam-se rapidamente em crise. As maiores delas são:

- Falsidade
- Infidelidade
- Ilegalidade
- Irresponsabilidade

Cada uma delas envolve quebra da confiança e algum nível de dureza de coração. Envolvem traição, e a cada traição segue-se uma consequência. Um dano foi feito ao relacionamento — um dano que precisa ser reconhecido, tratado, curado e perdoado. Se o estrago for ignorado, negado, ou minimizado, poderá destruir o relacionamento. Se, ao contrário, for tratado com sensibilidade, a crise poderá fortalecê-lo.

O sofrimento causado por alguém de fora é duro, mas aquele provocado por nosso cônjuge é de partir-nos o coração. Contudo, se o ofensor admitir humildemente a sua responsabilidade, genuinamente buscar perdão, e fielmente reconstruir a confiança, até uma falha moral pode aproximar os dois.

Desafios da Meia-idade

É surpreendente como tantos casais se separam na meia-idade. Seria de se esperar que, após vinte anos ou mais de vida conjugal, houvesse maturidade, experiência, sabedoria, e compromisso suficientes para se enfrentar as piores situações. Mas parece não ser isso o que acontece. O número de divórcios entre pessoas da meia-idade é inacreditável.

Não obstante, isso não tem de ser assim.

A solução é simples. Se estivermos dispostos a avaliar e remodelar, a segunda parte de nosso matrimônio tem todo o potencial para ser mais satisfatória que a primeira. Para tanto, não é necessário que haja uma crise, mas que seja o tempo de se estabelecer algumas novas metas. Apresentamos aqui 12 sugestões que deixarão o seu lar novamente em ótima condição.

- Voltem o foco um para o outro (em vez de aos filhos e ocupações).
- Rejeitem e deixem de fora os desapontamentos passados.
- Sintam-se à vontade consigo mesmos (e com a mudança em seus corpos).
- Regozijem-se com o que possuem.
- Renovem o romance e amem a vida.
- Restaurem a comunicação.
- Resolvam a sua ira e os conflitos contínuos.
- Reconstruam a amizade um com o outro.
- Reavaliem a sua caminhada espiritual.
- Reajustem o papel de cada um.
- Conectem-se novamente com os *hobbies*, interesses e o que acharem divertido.
- Reiventem o seu casamento.

Na metade da vida conjugal, vocês construíram um monte de memórias um com o outro — algumas boas, outras nem tanto. Não deixem os desafios da meia-idade provocarem uma crise em seu matrimônio. Em vez disso, eles devem levá-los à renovação do compromisso com o amor que primeiro os uniu. Esta é, na verdade, a melhor época do casamento para os dois.

Não percam a oportunidade.

Não se distraiam com fantasias e tolices.

Não joguem fora tudo o que possuem.

Resumo

Todo casamento enfrentará certo número de crises ao longo de sua existência. Tais crises podem deixá-los amargurados ou furiosos, afastando-os um do outro e, possivelmente, até destruindo-lhes o matrimônio. Por outro lado, estas crises aparentemente esmagadoras podem ter um impacto positivo. Com frequência, as crises da vida aproximam o casal mais do que os tempos em que tudo corre bem. Nas crises, aprendemos a confiar e perdoar; crescemos em maturidade, sensibilidade e compaixão; desenvolvemos o caráter, enquanto praticamos o amor e a paciência; aprofundamos a nossa fé em um Deus, que está sempre pronto a consolar, ainda que não entendamos como Ele possa permitir tamanha dor.

Há muitas lições na crise. É como a história do diamante: a beleza, a força e o valor nascem das pressões da vida. Enfrentar as pressões da vida juntos, e de mãos dadas, fará de seu casamento um diamante. Então vocês se tornarão um farol incandescente, um exemplo brilhante a todos os que os conhecem. E quando o seu tempo neste mundo se cumprir, deixarão um legado de beleza, força e valor, que nunca morrerá.

Projetos para o Abrigo

1. Alistem cada crise que vocês experimentaram desde as núpcias. Como elas causaram impacto em seu relacionamento?

2. Qual das nove áreas da crise é, ou seria, a mais difícil de lidar? Discutam o porquê de esta área ser a mais difícil, e como poderiam resolvê-la.

3. Mapeiem qualquer dificuldade emocional, problema de saúde, ou vício ocorridos em sua família de origem. O que vocês fariam se alguma dessas coisas atingisse o seu casamento?

4. Discutam como poderão lidar com os desafios normais de seus filhos, e com os mais difíceis.

5. Anote as cinco vezes em que você feriu os sentimentos de seu cônjuge. Desculpe-se com ele e faça algo para mostrar que está verdadeiramente arrependido de havê-lo feito.

6. Vistam a sua roupa mais bonita, usem o seu melhor perfume, e vão juntos ao seu restaurante romântico favorito. Lá, conversem sobre como poderão aplicar ao casamento os doze pontos de remodelação, explicados na página 145.

9

O PÁTIO
Projetos Estéticos

Ele tinha um grande potencial. Carecia apenas de um pouco de visão e trabalho duro. No começo, as portas francesas de nossa sala de estar abriam-se para um quadrado de concreto pateticamente pequeno e um acre de amoras pretas. Havia um grupo de abetos no fundo da propriedade, e pouca coisa a mais.

Tami e eu sentamo-nos em nosso pátio de concreto, de quatro metros quadrados, sonhando e conversando sobre o que poderíamos fazer para dar beleza ao nosso quintal. Nos poucos anos seguintes, limpamos a terra, plantamos um gramado e algumas árvores: um bordo, um pinheiro branco, uma ameixeira, um salgueiro-chorão, dois eucaliptos e quatro cerejeiras. Logo, Tami estava fazendo canteiros de todas as flores, de hortênsias a madressilvas. Com cuidado e criatividade, o nosso quintal foi transformado em um lugar de sossego e beleza.

Contudo, o nosso pátio ainda parecia patético.

A fim de corrigir isso, cerca de oito anos atrás, meu pai e eu começamos a nivelar o solo para um grande pátio. Construímos um muro retentor, enchemos uma área com pedregulhos, e assentamos dois mil paralelepípedos. Parecia ótimo. Tami acrescentou o seu toque, plantando morangos, girassóis e plantas rasteiras à volta do novo pátio. Agora, de manhã ou ao anoitecer, Tami e eu podemos sentar-nos em nosso pátio e desfrutar de toda a beleza da criação de Deus. Temos dois comedouros de pássaros junto ao pátio, que atraem beija-flores, jecas azuis, pardais, tordos, e muitas outras aves pequenas. É maravilhoso observar os ciclos sem fim da natureza, em nosso pátio. De vez em quando, somos surpreendidos por visitantes como uma família de cervos, um guaxinim curioso, ou um filhote de coelho, procurando pela mãe. Este lugar ao ar livre aproxima-nos da natureza e permite-nos construir a nossa intimidade estética.

Quando temos uma casa, há sempre um novo projeto ou melhoramentos. No último dia dos pais, Tami presenteou-me com uma lareira para o nosso pátio. Mas houve um problema: não havia um bom lugar para ela. Tami, porém, tinha uma solução: expandir o pátio. Assim, nos últimos dois meses, construímos um muro, nivelamos mais cascalho, e acrescentamos mais novecentos paralelepípedos. Agora temos um pátio maior, com uma excelente lareira ao ar livre.

De algum modo, a vida é mais positiva e mais bela quando nos sentamos juntos em nosso pátio. Tudo o que é bom nos envolve. É um lugar de simplicidade, onde nos refugiamos das agitações da vida. Nele, podemos usufruir a obra de arte e graça que nos rodeia, e também desfrutar um do outro e, juntos, cultivar o milagre da estética.

Intimidade Estética

"A vida é difícil", rezam as primeiras palavras do clássico de M. Scott Peck, 7 *Road Less Traveled*. Peck está certo, mas a vida também é cheia de grandes surpresas e belezas.

Um de meus filmes favoritos é um italiano de 1997, de Robert Benigni, intitulado *A Vida é Bela*. Nele, Guido é um devotado pai judeu, que construiu uma bela vida para a esposa e o filhinho. Mas, então, iniciou-se a II Guerra Mundial, e os nazistas levaram Guido e sua família a um campo de concentração.

Ali, foram cercados de trabalho pesado, alimentação minguada, regras cruéis, pouquíssima liberdade e condições severas. Todavia, Guido estava determinado a não permitir que a esposa e o filho fossem esmagados por aquelas dificuldades. No final, a mulher e o menino sobrevivem ao horrível pesadelo, porque Guido pôde achar beleza no mais improvável dos lugares.

No casamento, há tempos duros e difíceis. É fácil deixar que as frustrações, desafios e desapontamentos do cotidiano distraiam-nos de toda a beleza que nos cerca. Às vezes, é difícil até mesmo enxergá-la. Intimidade estética envolve o ato de partilhar a beleza. Tal intimidade enriquece-nos a vida e o matrimônio, aviva a nossa alegria, aumenta a nossa proximidade, e intensifica-nos o amor. Quanto mais o casal focaliza a intimidade estética, menos difíceis parecerão os piores trechos da vida conjugal. Então, olhem nos olhos um do outro e brindem a um estilo de vida que honre a beleza.

A intimidade estética pode ser ilusória, mas não necessariamente. Para se apreciar esta forma de intimidade em sua plenitude, é preciso ter estratégias. Mudar-se para o Taiti é um modo de se descobrir a beleza, mas para a maioria de nós isso não é possível. A primeira parte de uma estratégia fomentadora da construção da intimidade estética é reconhecer as cinco áreas da beleza. A segunda parte envolve a disposição de comprometer-se com as cinco respostas à beleza. À proporção que combinamos estas duas partes, nosso matrimônio torna-se mais bonito.

Há muitas facetas e formas de a beleza tocar cada um dos cinco sentidos. Todavia, para manter-se saudável e em crescimento, o casal deve adotar a atitude de quem está aberto a tudo o que é belo. Se você tem essa atitude, e o seu cônjuge não a possui, não desanime. Uma postura inclinada ao belo é tão contagiosa que, se você focalizá-la e nutri-la, mais cedo ou mais tarde, o seu cônjuge sucumbirá à sua força poderosa.

Então, chequem a sua atitude.
Abram os olhos e os ouvidos.
Descubram a beleza à sua volta.
Desfrutem as cinco coisas a seguir.

A Beleza da Positividade

O negativismo é feio. Ele pode destruir um matrimônio pelo desânimo. O negativismo é como um tapa na face: empurra o cônjuge para longe e mata o entusiasmo pelo relacionamento. Com demasiada frequência, ouço coisas como: "Nada a fará feliz", ou: "Não importa o que eu faça, nunca é bom o suficiente".

A atitude negativa é perigosa, enquanto a positiva é verdadeiramente uma amostra da beleza. Chuck Swindoll escreveu: "A vida é 10% o que nos acontece, e 90% do modo como reagimos. A atitude é a decisão mais significativa que faço a cada dia". A cada momento do dia, temos diante de nós a escolha entre uma atitude negativa ou positiva. Uma postura positiva acrescenta felicidade, reduz a depressão, diminui o estresse e fortalece o matrimônio.

Compreendo que, apesar de todas as boas razões para se ter uma atitude positiva, nem sempre é fácil. Isso exige que se olhe além das circunstâncias e sentimentos. Às vezes, as circunstâncias não são nada otimistas, e os sentimentos podem arrasar-nos.

Os pais de John morreram quando ele tinha três anos. Pelos 12 anos seguintes, ele passou por 20 lares adotivos diferentes. Aos 16 anos, depois de uma surra brutal de um pai adotivo alcoólatra, John fugiu de casa.

Dez anos mais tarde, John era um bem-sucedido homem de negócios, com uma esposa terrível. Quando lhe perguntei sobre a sua infância difícil, ele respondeu: "Acho que Deus tinha alguma lição importante a dar-me. Ele ensinou-me a autodisciplina, a importância do trabalho duro e a compaixão por crianças em situações difíceis. Tenho esperança de que essas lições façam de mim um marido melhor".

John é um grande exemplo de como as pessoas podem elevar-se acima de suas circunstâncias e sentimentos, e alcançar uma atitude positiva. No entanto, há muita gente com ótimas circunstâncias e bons sentimentos, que adotam uma postura negativa.

Sempre haverá coisas das quais nos queixarmos. A lei de Murphy reza que tudo o que é possível sair errado sairá errado. Frequentemente, essa lei parece ser verdade. Não obstante, a pessoa otimista aprendeu a encontrar positividade em qualquer situação. Ela descobriu que o otimismo tem mais a ver com o foco que com a circunstância. Alguém já disse que o pessimista reclama das sementes da maçã, enquanto o otimista as planta. Paulo encoraja-nos em Filipenses 4.8 a concentrar-nos em tudo o que é verdadeiro, honesto, justo, puro, amável, de boa fama, virtuoso e louvável. Se nos centrarmos nessas coisas, não haverá como deixarmos de ser otimistas.

A Beleza da Criação

Exatamente enquanto escrevo estas palavras, acho-me deitado numa praia arenosa do México, ao lado de Tami. O sol cintila sobre as ondas do Pacífico esverdeado, enquanto os pelicanos arremetem numa descida rápida, para a sua última pesca da tarde. Atrás de nós, um delicioso bosque de palmeiras oscila à brisa suave. Primaveras de um vermelho brilhante, e outras flores exóticas, fazem o cenário tão perfeito quanto é possível neste mundo.

Tami recosta-se e sussurra:

— Não é lindo?

— Absolutamente — concordo, absorvendo-me no cenário.

A beleza natural aqui é extraordinariamente espetacular, mas não importa aonde vamos, ou onde estejamos, sempre haverá belezas surpreendentes. O meu avô amava o deserto. Tami gosta da praia, especialmente nas épocas quentes do ano. Eu contento-me em qualquer lugar. Mesmo quando me encontrava na Islândia do norte, próximo ao círculo ártico, surpreendia-me com a incrível beleza ao redor: as montanhas denteadas, o sol da meia-noite, as cachoeiras de tirar o fôlego, as fontes borbulhantes de água quente, e as praias rochosas.

Deus tem uma imaginação tão formidável que, em toda a natureza, criou belezas de formas inimagináveis. Ao ver um lago azul e límpido, um casal de antílopes na orla da campina, ou a encosta de um monte coberta de flores silvestres, desejo partilhá-lo com Tami. "Olhe para isto!" Convido emocionado. Ou: "Você viu aquilo?" Desfrutar juntos a beleza torna-a mais especial, e atrai-nos um ao outro, deixando-nos mais próximos ainda.

O pôr-do-sol é um presente extra para nós dois. Gostamos de dar as mãos e contemplar os tons de vermelho, amarelo e púrpura da pintura mágica, no horizonte ocidental. Cada pôr-do-sol é singularmente belo e comovente. Temos partilhado centenas. Após cada um deles, abraçamo-nos e nos beijamos. Às vezes, até uma fotografia de um pôr-do-sol nos aproxima. Em determinado ano, Tami e sua mãe foram juntas ao Havaí, deixando-me em casa para cuidar dos três filhos. Enquanto ela estava ausente, meus dois meninos adoeceram de catapora. Tami ofereceu-se para voltar mais cedo, mas assegurei-lhe que eu podia lidar com aquilo. Alguns dias depois, ela enviou-me um postal, com um pôr-do-sol espetacular sobre a praia de Lahina. No verso, tudo o que ela escrevera foram quatro simples palavras: "Estou pensando em você". Repentinamente, senti-me próximo de Tami, apesar dos milhares de quilômetros que nos separava.

Então, observem as muitas belezas da criação e compartilhem-nas. Alistamos aqui 28 das mais belas coisas da natureza.

1. Alvoradas
2. Nevoeiros
3. Montanhas
4. Cachoeiras
5. Neve
6. Nuvens
7. Arco-íris
8. Icebergs
9. Cânions
10. Cavernas
11. Selvas
12. Desertos
13. Animais terrestres
14. Animais marítimos
15. Vida dos pássaros
16. Relâmpagos
17. Tempestades
18. Praias
19. Oceanos
20. Recifes de corais
21. Ilhas
22. Árvores
23. Plantas
24. Flores
25. Frutas
26. Estações
27. Pôr-do-sol
28. Céu noturno

A criação natural de Deus muda a cada estação. Na primavera, surgem os brotos verdes, e a música dos pássaros enche o ar. As chuvas tépidas convidam as flores a desabrochar em toda parte — açafrões púrpuras, tulipas vermelhas, narcisos amarelos, miosótis azuis, e amores-perfeitos multicores. Nos dias ensolarados e quentes de verão, as rosas e as madressilvas oferecem o seu doce aroma. Sob o azul claro dos céus, os frutos amadurecem para uma deliciosa perfeição: morangos, cerejas, abricós, pêssegos, melões e uvas. À medida que as noites frias do outono deixam o seu toque gelado nas abóboras, as árvores brilham numa explosão de glória, antes de suas folhas redemoinharem ao chão. Os dias vão ficando mais curtos e mais frios, enquanto as nuvens escondem o sol de inverno, e as estações completam o seu ciclo. As tempestades varrem a terra com rajadas furiosas de vento e, de vez em quando, desce uma delicada coberta de neve. Cada estação é um deleite único.

Desfrutar juntos a multiforme beleza da criação implica em partilhar experiências, usando os cinco sentidos. É ver a lua cheia descansar num dossel de estrelas brilhantes, numa noite romântica. Ouvir a canção matutina dos pássaros do lado de fora da janela do quarto. Sentir o toque suave dos cabelos da pessoa amada, num dia lânguido de verão. Aspirar o cheiro limpo das florestas, após uma caminhada na chuva, ao entardecer. Experimentar o sabor de alimentar um ao outro com morangos frescos, colhidos no pé. Deus concedeu-lhes os cinco sentidos, a fim de que partilhassem um com o outro as suas maravilhas.

Fitando o céu de uma noite brilhante sobre Jerusalém, o rei Davi escreveu: "Os céus manifestam a glória de Deus e o firmamento anuncia a obra das suas mãos" (Sl 19.1). Gosto imensamente de sentar-me com Tami em nosso pátio, nas noites claras, e olhar o céu. As estrelas cintilam e a lua brilha. Somos tão pequenos, e Deus é tão grande. Tami e eu aconchegamo-nos, compartilhando o nosso calor, e agradecendo a Deus por sua bela criação e por termos um ao outro.

A Beleza da Arte

Outro aspecto da intimidade estética é a celebração do artístico. A arte, em sua forma mais pura, é uma tentativa de duplicar, interpretar, refletir, ou aproximar algum traço da criação de Deus.

A arte adota muitas formas e meios. O meu dicionário define arte como "obras humanas de beleza". Apreciar a arte ao lado de nosso cônjuge cria uma conexão emocional, intelectual e estética.

Não possuo muita habilidade artística, mas aprecio a arte e os talentos dos outros. Não faz muito tempo, Tami e eu perambulávamos pelo mercado de uma cidade, ao pôr-do-sol, e paramos para observar um soprador de vidros formar flamingos e golfinhos. Depois, admiramos um jovem pintando praias e palmeiras em miniaturas de quadros. Poucos minutos depois, ouvimos os músicos de rua entoando baladas românticas, acompanhados de guitarras acústicas. Foi um fantástico anoitecer de intimidade artística.

A arte é algo para se partilhar. Tami e eu temos encontrado alguns filmes que gostamos muito de assistir juntos. A cada natal, ela e eu nos aconchegamos para assistir *White Christmas, Miracle on 34th Street, ou The Preacher's Wife*. Bons filmes podem proporcionar tanto recreação quanto intimidade estética. Clássico ou moderno, um filme pode ser um modo divertido de aproximar o casal.

Tami e eu apreciamos música, mas as nossas preferências de estilos são bem diferentes. No início de nossa vida conjugal, havia apenas dois ou três CDs que ouvíamos juntos. Com o passar dos anos, Tami tem partilhado comigo os seus favoritos, e eu, dividido com ela os meus. Nossos gostos musicais ainda são diferentes, mas os CDs que agora compartilhamos chegam a vinte ou trinta. Não apenas descobrimos mais músicas que podemos desfrutar juntos, como alguns cânticos especiais são chamados agora de "nossa canção". Em qualquer ocasião que ouvimos tais canções, somos recordados de nosso amor. Quando namorávamos, eu cantava para Tami o clássico "I Will", que se tornou a nossa primeira canção. A caminho do hospital, para o nascimento de nosso segundo filho, ouvimos "Have I Told You Lately That I Love You?", de Van Morrison, e instantaneamente ela tornou-se outra de nossas canções. Esses belos cânticos trazem momentos de intimidade estética em meio à agitação de nossas vidas. Quando as coisas ficam difíceis, ouvimos uma dessas músicas, e todos os problemas são eclipsados pelo nosso amor.

A arte constrói a proximidade em muitas maneiras. Quando leio algo bonito, bem escrito, desejo partilhá-lo com Tami. Ler prosa um para o outro, tão diversa como *Phantasies*, de George Macdonald's, *Be Great Gatsby*, de F. Scott Fitzgerald's, ou *O Príncipe das Marés*, de Pat Conroy's, torna-nos mais próximos.

Agora, o problema com a beleza artística é o gosto. O que eu considero bonito, Tami pode não considerar, e vive-versa. Certas pinturas e fotografias que acho inspiradoras podem deixá-la indiferente. Eu aprecio as paisagísticas enquanto ela prefere as florais. A apreciação da arte leva tempo e cultivo; é preciso dar-lhe uma chance. Empregar tempo para apreciar o que o nosso cônjuge acha bonito é uma demonstração de respeito por ele e, possivelmente, alarga-nos o senso artístico. Durante anos, insisti em não aderir a certos interesses artísticos de Tami, mas então compreendi que estava perdendo a oportunidade de intensificar a nossa aproximação. Depois de acompanhá-la a alguns eventos, admiti que havia beleza naquilo que ela apreciava. O mais especial, porém, era partilhar com ela a mesma experiência. Jamais serei fã de algumas coisas de que ela gosta, mas acompanho-a porque a amo, e ela afirma que a exposição à cultura é bom para mim.

Compartilhar a beleza artística eleva-nos acima do ordinário. Encontrem áreas que vocês possam partilhar e encham a vida com a exploração desta espécie de beleza.

A Beleza da Bondade

Há grande beleza na bondade. Ficamos impressionados ao ver um menino ajudar um ancião a carregar sacolas de compras, ou uma esposa sendo paciente com um marido nervoso. Uma pessoa que mantém a palavra é admirável. Aquele que se mostra generoso é respeitado. O que revela coragem é honrado. Essas peculiaridades são reconhecidas como boas porque são nobres. Bondade implica em caráter e esforço. Ela constrói relacionamentos saudáveis e promove a comunhão. Entristeço-me ao saber que uma mulher está fraudando o marido, ou que certo marido é verbalmente abusivo com a esposa. Vivemos num mundo de má conduta, mas a bondade gera esperança e fornece um vislumbre de como as coisas deveriam ser. Infelizmente, a bondade não é tão comum ou popular quanto já foi um dia. Há cerca de um ano, percebi que um vendedor dera-me, de troco, um dólar a mais. Voltei e devolvi-lhe o dinheiro. Ele olhou para mim como se eu fosse doido e indagou:

— Por que não ficou com ele?

— Porque não era meu — repliquei. — Não seria justo.

O vendedor recebeu o dólar, mas agiu como se ninguém jamais lhe houvesse devolvido algum dinheiro. Ao afastar-me, uma senhora acercou-se de mim com o filho de seis anos e agradeceu: "Obrigada por devolver o dólar. O senhor forneceu o tipo de exemplo que eu desejava para o meu filho".

Fazer o bem é algo verdadeiramente belo!

Num mundo pós-moderno, onde os valores são tidos como relativos, mais que nunca, é importante reconhecer a existência das virtudes. Há certas qualidades que são boas, corretas e morais. De igual modo, existem qualidades más, erradas e imorais. Parece que muita gente se esqueceu do que é realmente bom. Deixamos aqui a nossa lista de 15 virtudes e valores básicos.

1. Honestidade
2. Responsabilidade
3. Paciência
4. Persistência
5. Autodisciplina
6. Pureza
7. Compaixão
8. Paz
9. Fé
10. Humildade
11. Generosidade
12. Amor
13. Diligência
14. Respeito
15. Coragem

Em toda a história, aqueles que demonstram essas boas qualidades são altamente estimados. George Washington é conhecido por sua honestidade; Theodore Roosevelt, por sua coragem; e William Booth, por sua compaixão. Refletir sobre essas virtudes e aqueles que as possuíram traz proximidade ao casal. Os dois são unificados enquanto partilham a beleza da bondade moral.

Apreciem juntos a bondade. Primeiro, busquem-na um no outro. O esposo encoraje na esposa as virtudes e os valores, e ela faça o mesmo por ele. Elogiem-se mutuamente. Uma das razões porque me casei com Tami é que vi nela um senso de bondade e empenho em ser bondosa.

Em segundo lugar, procurem a bondade nos familiares e amigos. Meu tio contou-me, certa vez, que o seu pai, meu avô, era a pessoa mais moral que ele conhecera. Que elogio! Destaque a bondade naqueles que vocês conhecem; conversem sobre eles e tenham-nos como exemplo. Terceiro, procurem a bondade em toda a parte. Descubram modelos de um bom matrimônio e imitem-nos. Encontrem a bondade em livros, histórias e acontecimentos atuais. Sempre que a encontrarem, celebrem-na juntos. Discutam maneiras de melhorarem em cada virtude. John Wesley admoestou: "Faça todo o bem que puder". E eu gostaria de acrescentar: "Façam todo o bem que puderem, juntos". Sendo bondosos, descobrirão a beleza do que a intimidade estética oferece.

A Beleza da Simplicidade

Mais e mais casais estão se desencantando e irritando-se com o mundo agitado e complexo onde vivem. Desejam a vida simples de uma época passada, quando havia tempo para sentar-se na varanda, tomar limonada e conversar sobre coisas importantes. Para conseguir isso, alguns estão dispostos a reduzir, simplificar e desatravancar seu estilo de vida.

Um viver frenético separa o casal, porque o obriga a mover-se cada vez mais rápido. A velocidade mata. Mata a intimidade, o diálogo e a simplicidade. Nesse passo acelerado, é difícil, senão impossível, descobrir ou apreciar cada aspecto da beleza. À medida que corremos para alcançar nossas metas, cumprir nossas obrigações, ou simplesmente ajustar-nos ao ritmo, a intimidade estética torna-se uma bela ideia e nada mais. A simplicidade permite ao casal desacelerar, e apreciar um ao outro e a tudo o mais. Sem simplicidade, tornamo-nos confusos, caóticos e sobrecarregados.

Stu e Tauni estavam cansados da corrida de ratos. Ambos renunciaram ao emprego prestigioso e muito bem pago, e venderam a grande casa suburbana. Stu explicou que o seu estilo de vida estava afetando o seu casamento: "Estávamos tão ocupados ganhando dinheiro, que não tínhamos tempo um para o outro".

Então eles simplificaram. Compraram uma casa bem menor, no campo, arranjaram empregos menos exigentes, e aprenderam a viver sem todas as coisas extras que antes lhes atravancavam a vida. "Foi uma das melhores coisas que já fizemos" testemunhou Tauni. "Agora temos tempo para relaxar e amar a vida".

A simplicidade diz que menos é mais. Contudo, em nosso mundo materialista, ajuntamos, colecionamos, consumimos e expandimos. Um ditado de parachoque reza: "Vence quem morre com mais brinquedos".

Que mentira!

A nossa cultura é obcecada por coisas. Elas ocupam-nos os dias e os sonhos. Coisas materiais podem ser atrativas, mas raramente satisfazem por muito tempo. As coisas amontoam-se, requerem cuidados e reparos, e precisam ser estocadas, organizadas e protegidas. Elas geralmente nos possuem tanto quanto as possuímos. A maioria de nós tem muito mais do que necessita. Contudo, por uma estranha razão, ainda queremos mais. Henry David Thoreau escreveu: "A nossa vida é gasta com detalhes. Simplifique. Simplifique. Simplifique". A fim de provar o seu comprometimento com o próprio conselho, ele viveu sozinho numa pequena cabana, em uma floresta próxima a Walden Pond, por um ano.

É tempo de abraçar a beleza da simplicidade. Então, comecem a considerar algumas das áreas que vocês podem desatravancar.

- sua casa
- sua agenda
- sua mente
- suas prioridades
- seu trabalho
- seu passatempo
- sua fé
- seu tempo juntos
- seu tempo a sós
- sua vida

A beleza se acha, em seu melhor aspecto, na simplicidade — mãos dadas, uma rosa vermelha, uma tigela de morangos recém-colhidos, uma caminhada na praia. As coisas mais belas na vida e no matrimônio são, geralmente, as coisas simples. O amor cresce em simplicidade, quando a vida é calma e pacata. Com todo o barulho e atividade que nos cercam, o amor pode acabar perdido. Frequentemente, encorajo os casais a experimentar um jejum áudio-visual. Desliguem a televisão, o radio, o aparelho de som e o computador. Desfrutem a quietude e a solidão. Ouçam o vento, os pássaros, a pessoa amada e a voz de Deus. Como escreveu o salmista: "Aquietai-vos e sabei que eu sou Deus" (Sl 46.10). A solidão é um lugar onde a positividade é ponderada, a beleza é apreciada, a bondade é celebrada, a intimidade é construída e a simplicidade, abraçada.

A simplicidade é bela e trará lindas coisas ao casamento, mas temos de estar dispostos a deixar o "fazer" e o "conseguir" para descobrirmos a alegria de "ser". Quando o casal consegue isso, encontra um amor, uma apreciação e um senso de intimidade estética muito mais profundos.

Cinco Respostas à Beleza

Estamos cercados de beleza. Mas atravessamos a vida correndo, de modo que mal notamos a metade delas. Carecemos da beleza da vida para sermos elevados acima das dificuldades e enfados do cotidiano. Se lho permitirmos, a beleza nos tocará a alma; fará de nós um cônjuge melhor, e nos dará uma vida conjugal mais rica e mais íntima.

A intimidade estética é algo que os casais apreciam imensamente, quando a experimentam. O problema é que a maioria não a experimenta tanto quanto gostaria.

Por quê?

Porque não possuem uma estratégia ou método para responder à beleza. Exporemos aqui cinco estratégias para se construir a intimidade estética.

Estratégia # 1: Busquem a beleza

Jesus afirmou: "Buscai e achareis" (Mt 7.7). Essa verdade aplica-se a muitas coisas, especialmente à beleza. Se não a buscarmos, não a encontraremos, embora estejamos por ela cercados. A cada dia que passa, achamos ao menos alguns exemplos em cada uma das cinco áreas da beleza: uma declaração positiva de nosso cônjuge, uma paisagem maravilhosa, uma canção inspiradora, um gesto de bondade, um simples momento de silêncio. Busquem a beleza juntos. Procurar nas cinco áreas pode fazer do casamento uma aventura. É surpreendente o quanto encontramos quando buscamos a beleza. De repente, a vida já não é tão dura ou tediosa quanto parecia. De repente, o nosso casamento é energizado com o frescor de um amor novo. Cada momento juntos passa a ser um prazer.

Outra coisa interessante é que, ao buscar a beleza ao seu redor, o casal encontra-a um no outro. Eis aqui cinco maneiras de se encontrar beleza no cônjuge:

- Descubra positividade na personalidade do cônjuge.
- Veja a mão de Deus no sorriso do cônjuge.
- Note um talento que você deixou passar como coisa ordinária.
- Encontre bondade naquilo que o cônjuge faz.
- Aprecie a simplicidade de simplesmente estarem juntos.

Estratégia # 2: Reconheçam a beleza

Havendo encontrado a beleza, reconheçam-na e conversem sobre ela. Ao ver dois ou três antílopes junto ao riacho, no fundo de nosso quintal, chamo Tami a fim de os contemplarmos juntos. Se ouço uma de nossas canções, aviso para ela. Quando descubro algo bom, desejo partilhar com ela.

No último dia dos namorados, Tami e eu fomos a uma grande festa. No convite, havia diversas sugestões românticas para o trajeto até o restaurante onde a festa aconteceria. Uma delas era partilhar 18.5 positividades acerca um do outro.

— Certamente você não poderá pensar em 18.5 coisas positivas a meu respeito, desafiou-me Tami.

— Claro que posso — afirmei. — Na verdade, posso apresentar 185 positividades.

Pela próxima meia hora, consegui reconhecer 185 coisas positivas sobre Tami. Foi divertido, e ela ficou extasiada. Após a festa, foi a sua vez de apresentar 185 positividades a meu respeito.

Algo especial acontece quando um casal reconhece beleza um no outro. Ambos realmente se aproximam mais.

Estratégia # 3: Abracem a beleza

Jim e Jen tiveram aulas dobre a cerimônia japonesa do chá, num lindo jardim de Portland. A fim de se preparar para a cerimônia, cada aluno tinha de focalizar uma árvore. Quero dizer, realmente, focalizar. A meta era abraçar a beleza que os rodeava. Para tanto, é preciso absorver aquilo que se vê. Eles tinham de estudar-lhe a forma e o tamanho, seguir-lhe o contorno, observar minuciosamente sua simetria ou assimetria, examinar-lhe o tronco, os galhos e as folhas e considerar a textura e a cor de cada parte, atentando para as variações de sombras e matizes. "Durante os primeiros cinco minutos, achei que me aborreceria", confessou Jim. "Mas então, comecei a ver todos os detalhes que nunca vira antes. Comecei a enxergar os níveis de beleza, sobre os quais eu sempre passara por cima, como se não estivessem lá".

Abraçar a beleza exige tempo e esforço para se mergulhar abaixo da superfície. Junto, o casal pode absorver a intimidade estética em cada uma de suas múltiplas facetas. Abraçar a beleza significa:

- Se é positiva, elogie-a.
- Se é natural, explore-a.
- Se é artística, aprecie-a.
- Se é boa, celebre-a.
- Se é simples, admire-a.

Estratégia # 4: Apreciem a beleza

A beleza deve ser apreciada. Buscar, reconhecer e abraçar a beleza, sem apreciá-la, é não permitir que ela nos toque o coração. Apreciando juntos a beleza, o casal torna-se emocional e intelectualmente entrelaçados.

Um coração agradecido adota, para com a vida, uma atitude recompensadora e contagiosa. A gratidão pela beleza conduz à gratidão de um pelo outro, fortalecendo o amor e o compromisso. E, principalmente, leva-nos a sermos gratos a Deus.

A gratidão é tão especial e significativa, que agrega cor a um mundo preto e branco, tempero a um prato insosso, e trilha sonora a um filme de ação. É possível sobrevivermos sem beleza, mas com ela, tudo é mais apreciável e memorável. Portanto:

Aplauda-a!
Regozije-se nela!
Agradeça a Deus por ela!

Estratégia # 5: Entesourem a beleza

Aos dez anos de idade, eu colecionava rochas. Não qualquer pedra, mas aquelas de beleza, como ágata, quartzo, topázio. Eu conservava as minhas rochas especiais numa caixa de madeira, escondida em meu armário, para que os meus irmãos não as pegassem. Eu protegia a minha coleção, mas se alguém manifestasse o desejo de vê-la, eu trazia a minha caixa preciosa e expunha as pedras aos olhos curiosos. Eu entesourava a minha coleção. Escondida no armário, ou segura em minha mão, ela não era esquecida.

A beleza é algo a ser entesourado. As graciosas coisas da vida são para serem partilhadas, exercitadas e relembradas. Com demasiada frequência, vivemos no presente e esquecemos toda a beleza que já experimentamos. Com um dia chuvoso, esquecemos todo o calor e o milagre de um verão ensolarado. Devemos nutrir a nossa memória, para que todos os aspectos atraentes de nosso passado não desvaneçam.

A beleza entesourada mantém a sua glória e poder, apesar das nuvens escuras. Ela fornece-nos esperança e estímulo, quando a vida se torna difícil.

Gosto muito de relembrar as belezas que Tami e eu já partilhamos: o riso de nossos filhos, a lua cheia sobre um campo aberto, a música de O Fantasma da Ópera, a bondade de nossos amigos, a simplicidade de uma rosa, uma garrafa de refrigerante. Quando a vida se torna dura, e estamos frustrados um com o outro, a simples menção de uma dessas coisas pode trazer um sorriso a nossa face.

Entesouramos estas imagens de beleza, armazenando-as na memória, para os momentos necessários.

A memória é um prodígio. É uma caixa onde podemos colecionar, com segurança, milhares de lindas pedras. Então, em qualquer circunstância posterior, podemos sacar o nosso tesouro e recordar as belezas já vividas. Juntos, podemos saborear as lembranças e, a despeito da dor, dificuldade ou confusão atuais sermos transportados a uma época e um local, onde a graça da vida sobrepuja tudo o mais.

Armazenem memórias de belezas positivas, naturais, artísticas, boas e simples do cotidiano. Se vocês puderem guardar na memória apenas uma dessas rochas todos os dias, dentro de um ano terão amealhado um grande tesouro. E dentro de dez anos, possuirão uma riqueza além da imaginação. Ajuntem um tesouro, e então usufruam a sua beleza. Assim fazendo, terão acumulado uma fonte de intimidade estética, que lhes intensificará a alegria, aprofundará a fé, e fortalecerá o casamento.

Resumo

Aquele fora um ano miserável!

Greg perdera o emprego. Evie perdera a mãe. E ambos perderam a casa porque não foram capazes de pagar a hipoteca, e tiveram de mudar-se com os dois filhos para um apartamento pequeno. O carro de Greg fora roubado, e a carteira de identidade de Evie, levada.

Nada estava dando certo.

Um amigo indagou:

— Como vocês estão lidando com a dificuldade?

Greg respondeu:

— Deus é bom.

— Mas, e tudo o que saiu errado no último ano?

Greg fitou o amigo e citou Habacuque 3.17,18: "Porquanto, ainda que a figueira não floresça, nem haja fruto na vide; o produto da oliveira minta, e os campos não produzam mantimento; as ovelhas da malhada sejam arrebatadas, e nos currais não haja vacas, todavia, eu me alegrarei no Senhor, exultarei no Deus da minha salvação.

— Mas como você pode regozijar-se quando...

— A alegria é uma atitude — interrompeu Greg. — Tem que ver com o que você focaliza. Evie e eu escolhemos focalizar tudo o que é bom e belo. Em qualquer situação, a nossa resposta baseia-se em uma atitude, e nós comprometemo-nos a uma atitude positiva.

A intimidade estética traz alegria, e a alegria atrai-nos para mais perto da incrível beleza que nos rodeia a cada dia.

Quando eu tinha dez anos, estive no leito de um riacho com o meu avô, e ele mostrou-me como encontrar ouro: Cavou uma pá de lama do baixio e despejou-a na bateia. Encheu-a de água e girou-a gentilmente, fazendo a água redemoinhar de um modo que, dentro de alguns minutos, tudo o que restou foi um vestígio de areia preta.

— Olhe de perto — instruiu-me vovô.

Eu olhei, e vi uma fina linha de ouro brilhando na beira da areia.

— Uau! — Foi tudo o que pude expressar.

— Não é lindo? — Admirou-se ele. — E pensar que muita gente olha para esta ladeira e vê apenas lama, quando, na realidade, está cheia de ouro reluzente.

Jamais esquecerei a lição que aprendi naquele dia.

Não importa o quão escura, feia e ordinária pareça a sua situação, a beleza acha-se logo ali. Na noite mais escura, existe a esperança de um céu estrelado. Na tempestade mais assustadora, surge a alegria de um iridescente. Na praia mais comum, reside uma concha perfeita.

Deem-se as mãos, enquanto abrem a mente, os sentidos e o coração. Sentem-se lado a lado e extasiem-se com:

- tudo o que é positivo,
- tudo o que Deus criou,
- tudo o que é de bom gosto artístico,
- tudo o que é verdadeiramente bom,
- tudo o que reluz em sua simplicidade.

Projetos para o Pátio

1. Cada um mencione duas qualidades positivas das seguintes coisas:

   Sua vida
   Seu cônjuge
   Seu casamento
   Seus amigos e familiares
   Seu país

2. Passem um dia juntos, descobrindo belezas da natureza, tantas quanto possível. Vão a um parque, uma praia, floresta, zoológico, jardim ou qualquer outro lugar onde a criação de Deus seja evidente. Relaxem e absorvam toda a experiência. Façam uma lista de suas descobertas e deixem-na em lugar especial, onde possam revê-la juntos, no futuro.

3. Passem um anoitecer compartilhando seus cânticos favoritos. Selecionem três canções ou CDs que ambos apreciem, aconcheguem-se no sofá, cercados pelas músicas que podem aproximá-los.

4. Separadamente, façam uma lista de cinco virtudes e valores que lhes são mais importantes. Ao lado de cada qualidade, escrevam o nome de alguém que vocês saibam possuir esse traço especial. Depois, compartilhem as cinco qualidades e aqueles que as possuem. Conversem sobre exemplos ou ocasiões específicos, quando viram ou ouviram essas pessoas demonstrar bondade.

5. Caminhem juntos numa área próxima à sua residência, e discutam como poderiam diminuir o ritmo e simplificar a vida. Durante a próxima semana ponham em prática ao menos uma dessas ideias.

6. Escolham uma tarde e, lado a lado, busquem uma área de beleza. Juntos, descubram como reconhecer, abraçar, apreciar e entesourar o que encontraram. Relatem por escrito o que fizeram, e guardem a anotação num lugar que possam revisitar dentro de um ano.

10

O QUARTO DE CASAL
Projetos Sexuais

Gostamos imensamente de nosso quarto de casal.

Ele é confortável, relaxante e romântico. É o lugar para onde escapamos das crianças, das tarefas e dos desafios da vida, a fim de concentrarmo-nos unicamente um no outro. Quando desejamos ficar a sós para conversar, desenvolver a nossa intimidade, ou ter um relacionamento físico, é para onde vamos. O nosso quarto tem áreas preparadas para cada um desses propósitos: uma área de estar, com um sofá de vime de dois lugares, e uma área de descanso, com uma grande cama. Há também uma lareira, uma penteadeira, dois abajures com lâmpadas de cristal, uma prateleira para acolchoados, um aparelho de som e uma grande quantidade de velas.

Provavelmente, quando estamos nesse quarto, passamos mais tempo dormindo que fazendo qualquer outra coisa. E conquanto dormir seja importante, é o romantismo que distingue esse cômodo. Nunca acendemos a lareira, mas Tami encheu o espaço com doze grandes velas perfumadas, de vários tamanhos, que, ao serem acesas, mergulham o ambiente num brilho aquecido e num aroma delicioso. Coloco um CD romântico para tocar, Tami veste uma *lingerie* atraente, e caímos na cama, envoltos nos braços um do outro.

Anos atrás, Tami e eu combinamos de ir para a cama sempre juntos, e cedo o suficiente para não pegarmos no sono assim que deitamos a cabeça no travesseiro. Com isso, criamos a oportunidade perfeita para nos reconectar após um dia agitado, e reconstruirmos o nosso senso de intimidade. Este é um maravilhoso lembrete de que nós dois somos um. Procuramos separar um tempo com qualidade todas as noites, antes de irmos dormir, a fim de conversar e rir, partilhar nossos corações e expectativas, enroscar os pés, trocar afagos e beijos.

Este é o momento para deitar um nos braços do outro, fitar-se nos olhos e ouvir os sonhos um do outro. Entretanto, muitos casais esgotam-se fisicamente antes de ir para a cama, e tudo o que têm são as sobras do dia. Em vez de um momento positivo e estimulante, de partilhamento e intimidade, arrastam-se numa comunicação cansada, num ato sexual afadigado. Não é de admirar que a aproximação sexual seja cada vez mais frustrante, em vez de satisfatória. Não permitam que o seu quarto de casal se torne cansativo ou enfadonho.

Tami está sempre inventando novas ideias para redecorar o nosso aposento. Elas raramente envolvem grandes mudanças, mas me surpreendo ao ver como as pequenas coisas que ela faz podem iluminar e renovar o nosso quarto. Ela pode comprar uma nova colcha, fazer cortinas novas, rearranjar as velas, ou pintar uma parede. Numa noite, entro num quarto iluminado por luzes cor-de-rosa; noutra noite, o cômodo está cheio de flores frescas de nosso jardim, e a cama, salpicada de pétalas de rosas.

O quarto pode ser um local de amor. É o principal aposento onde expressamos e exploramos a nossa intimidade sexual. É um ambiente de suavidade e aproximação, um lugar onde o casal pode comunicar, de um modo íntimo, o quanto se ama, e o quão comprometido está com uma vida de intimidade.

Intimidade Sexual

O culto estava terminando, quando um dos porteiros bateu-me no ombro e fez sinal para que eu o seguisse.

"Um casal precisa conversar com o senhor", cochichou ele.

Julie e Tom esperavam no vestíbulo da igreja. Ela estava chorando, e ele parecia frustrado. Falei com eles e descobri que realmente se amavam, mas estavam emocionalmente desconectados. Ela sentia-se sozinha, e ele, sem importância. Enquanto conversávamos, perguntei: "Qual foi a última vez que vocês tiveram um momento de intimidade sexual?"

Ambos fitaram-me com as faces coradas e olhos que pareciam dizer: "Não se faz esse tipo de pergunta na igreja. E, além disso, mal o conhecemos".

De repente, ocorreu-me haver certas perguntas que posso fazer facilmente em meu consultório, mas não em outros lugares. Cada pessoa tem um nível diferente de sensibilidade, quando se trata de conversar sobre sexo. E não é incomum que, mesmo no casamento, marido e mulher abordem o tópico de modo diferente. Algumas pessoas ficam ansiosas, ou embaraçadas, ou desconfortáveis com o assunto. Talvez achem que sexo seja uma obrigação, algo desnecessário, ou simplesmente tolerável. Na extremidade oposta, estão os obcecados e cativados pelo sexo. Eles o colocam num pedestal, e veem-no como a solução para cada problema conjugal. Demonizar ou divinizar o sexo são, igualmente, atitudes nada saudáveis. Veja, a seguir, algumas razões por que certos indivíduos podem enxergar o sexo de um desses extremos.

- Cenário familiar
- Memórias da infância
- Experiência pessoal
- Imagem corporal
- Personalidade
- Nível hormonal
- Autoconfiança
- Exatidão das informações

A intimidade sexual pode ser uma das mais positivas e agradáveis facetas do casamento, ou uma das mais negativas e frustrantes. Muitos casais são tão suscetíveis a respeito da sexualidade, que podem, facilmente, fazê-la problemática. Qualquer uma das oito áreas mencionadas acima pode afetar a nossa percepção de sexo. Por conseguinte, eu não deveria ter me surpreendido ao descobrir que 75% dos casais que entram em meu consultório estão se debatendo em algum aspecto de sua união sexual. Uma das crenças mais prejudiciais é: "Somos os únicos a se debater nesta área; todos os outros têm uma ótima vida amorosa". A realidade é que, a despeito do que podemos ver na televisão ou no cinema, cedo ou tarde, todos os casais lutam para construir uma conexão sexual saudável.

Durante mais de 20 anos de casamento, fazer amor não era emocionalmente satisfatório para Robert nem para Linda. Ela nunca tivera um orgasmo. Sua ginecologista garantira não haver anomalias físicas. Percebendo a sua frustração sexual, Robert sentia o próprio desejo diminuir. Os anos passavam-se, e nenhum dos dois falava de suas necessidades sexuais.

Quando ambos foram ao meu consultório, perguntei a Linda o que constituiria para ela uma perfeita noite de amor. Ela alistou 12 coisas que, pensava, melhorariam o seu prazer sexual. Foi uma surpresa para Robert. Ela nunca lhe mencionara essas coisas antes. Ele amava a esposa, mas certas coisas que fazia eram ofensivas para ela. Enquanto outras, que a teriam estimulado, nunca aconteciam.

De volta ao lar, naquela noite, Robert e Linda repassaram a lista que ela fizera. Pela primeira vez em 20 anos, ela experimentou o orgasmo. Tudo o que eles precisavam era comunicação, tempo, planejamento e trabalho.

Já ouvi muita gente reclamar da vida sexual. As frustrações mais comuns incluem o seguinte:

- Toques insuficientes. "Meu esposo me toca apenas quando está interessado em fazer amor".
- Falta de abraços. "Meu marido não gosta de abraçar".
- Pouca atividade sexual. "Minha esposa tem falta de desejo sexual, e raramente está interessada em fazer amor".
- Falta de contexto ou "clima". "Não temos nos entendido bem, e meu marido quer fazer amor".
- Preâmbulos muito curtos. "Meu esposo quer ir logo para o ato sexual, sem muito romance e estímulo".

- Rude e/ou agressivo. "Meu esposo não é gentil e, às vezes, me machuca".
- Falta de higiene. "A falta de higiene dela impede-me de apreciar a relação sexual".
- Cansaço demais. "Sempre fazemos amor no final do dia, e estou exausta demais para termos um momento com qualidade".
- Falta de comunicação. "Meu esposo não sabe como me estimular".
- Tensão demasiada. "Para mim, é difícil relaxar e deleitar-me com o ato sexual".

Em geral, a intimidade no sexo não acontece simplesmente; é um processo de sensibilidade e sintonização. Se o casal dedicar tempo a isso, o seu relacionamento sexual enriquecerá cada vez mais. Se não o fizer, ele se tornará uma área de desapontamento e irritação.

Para a construção da intimidade em qualquer área do casamento, devemos saber lidar com as várias fendas que se interpõem entre o casal. A sexualidade fornece potencial a pelo menos oito fendas desafiadoras e frustrantes.

Tapem as Fendas

1. *A fenda da comunicação*: Uma vez que essa área é tão propensa à confusão, à mágoa e ao mal-entendido, a comunicação sexual é muito importante. Não obstante, a maioria dos casais raramente conversa sobre o seu relacionamento físico — suas necessidades, expectativas, preferências, medos e sensibilidades. Duane Story e Stanford Kulkin resumem assim a questão: "A comunicação leva a uma intimidade maior. Uma intimidade excelente leva a uma vida sexual maravilhosa". A essência do assunto é que a boa comunicação é vital à satisfação no sexo. Se o casal almeja uma boa conexão, é preciso comunicar-se.

2. *A fenda do sexo*: Homens e mulheres costumam abordar a sexualidade de maneira diferente. A maioria dos homens acha que a união física abre-lhes o coração para a proximidade emocional. A maioria das mulheres, ao contrário, precisa de conexão emocional antes de estar plenamente interessada em entregar o corpo à intimidade sexual. Os homens e as mulheres são diferentes, também, hormonal e fisiologicamente. Isso pode abrir a porta a toda espécie de desconexão. Um dos grandes mistérios da vida é como os homens e as mulheres podem ver a mesma situação de modo tão diverso.
3. *A fenda do desejo*: Indivíduos diferentes possuem níveis de desejo também diverso. Pode ser uma questão de gênero, idade, adrenalina, época ou mês, estímulo visual ou inúmeros outros fatores. Contudo, quando apenas um dos cônjuges tem o desejo elevado podem surgir dificuldades. O desafio é que esta pessoa comunique suas necessidades, sem pressionar ou manipular a outra. Por sua vez, a que tem o desejo menos intenso procure ser sensível e generosa, sem tornar-se ressentida.
4. *A fenda da limpeza*: Algumas pessoas são obsessivas quanto à higiene, ao passo que outras são totalmente descuidadas. Se a higiene é importante para o seu cônjuge, seria egoísmo, crueldade e insensibilidade não cuidar da limpeza. Se ela é mais importante para você do que para ele, procure conduzir as coisas gentilmente, sem lhe causar embaraço. O olfato tem um grande papel no desencadeamento, ou no arrefecimento da excitação. Portanto, escove os dentes, tome banho e faça tudo o que é preciso para que os seus momentos íntimos sejam positivos e agradáveis ao seu cônjuge.
5. *A fenda do romantismo*: O romantismo pode derreter o coração da maioria das mulheres. A falta dele pode, facilmente, fechar as portas da intimidade física. Sem romantismo, o ato conjugal parecerá vazio, frio e sem amor. É ele quem torna esta união tão maravilhosa e significativa. Contudo, para muitos homens, o romantismo é desim-

portante, além de ser uma distração inconveniente. Para a maioria dos homens, o ato sexual em si é que é maravilhoso e significativo. Ademais, o que pode ser considerado romântico é tão subjetivo, que, sem uma boa comunicação, o casal poderá jamais transpor esta fenda.

6. *A fenda do nível de conforto*: Em termos de expressão sexual, cada pessoa tem um nível de conforto. Alguns se sentem muito confortáveis com o próprio corpo, enquanto outros não se sentem tão bem a respeito de algumas partes dele. Alguns ficam mais à vontade para o relacionamento íntimo, em determinados lugares e momentos do dia; outros se acham dispostos a qualquer hora e em qualquer lugar. Pode haver uma fenda, também, no que diz respeito a brincadeiras, experimentação, exploração e aventuras. Alguns indivíduos sentem-se mais confortáveis para experimentar novas coisas; outros decidiram o que funciona melhor para eles, e não irão além daquilo.
7. *A fenda da iniciação*: Como você deixa o seu cônjuge saber que você está interessado em um momento íntimo, sem que ele fique indiferente nem se sinta pressionado? Como você reconhece os sinais de "Eu realmente gostaria de fazer amor". Ou: "Se você me proporcionar um tempo com qualidade e comunicação positiva, isso poderia levar-nos a algo mais". Ou: "Justamente agora, este não é um bom momento para pensarmos em intimidade sexual?" Muitas vezes, os cônjuges não entendem as mensagens um do outro, e a tentativa de se iniciar uma relação íntima torna-se frustrante, dolorosa, cheia de rejeição e desentendimentos.
8. *A fenda da excitação*: Os homens podem, fácil e rapidamente, serem excitados, não importando a ocasião, os arranjos, ou os seus sentimentos. As mulheres, geralmente, baseiam-se em sentimentos amorosos e são excitadas mais devagar. O momento, os arranjos e o modo como se sentem são partes importantes do processo. Os homens tendem a ser despertados pelo estímulo visual e por mensagens diretas; as mulheres, pelo estímulo emocional e por mensagens delicadas e sutis. Por conseguinte, uma

camisola sensual e um "vamos" direto podem ser muito excitantes para o marido, enquanto uma conversa atenciosa e um beijo terno podem ser o que a esposa precisa.

Essas fendas podem bloquear a intimidade sexual do par e criar danos significativos. Entretanto, a despeito dessas fissuras, é possível ter-se um ótimo relacionamento sexual. Por favor, não permitam que tais frustrações os levem a evitar esta área, nem deixem o sexo assumir uma conotação negativa. Conforme escreveram os doutores Les e Leslie Parrot em *The Love List*: "O sexo é decisivamente importante para um casamento de qualidade". Não é o aspecto mais importante dele, mas se acha entre os primeiros da lista. No matrimônio, o sexo e a intimidade andam de mãos dadas. Quando as necessidades sexuais do marido não são satisfeitas, ele:

- Sente-se rejeitado.
- Torna-se irritável, impaciente ou argumentativo.
- Distancia-se ou retrai-se.
- Começa a olhar para onde não deveria.

De igual modo, quando as necessidades íntimas da esposa não são atendidas, ela:

- Sente-se solitária.
- Torna-se irritável, insegura e deprimida.
- Retrai-se emocionalmente e levanta barreiras.
- Começa a conectar-se emocionalmente com quem não deveria.

A ligação física saudável satisfaz tanto a sexualidade quanto a intimidade. Ela aproxima o casal e une-lhes o coração como nada mais é capaz de fazer.

As Três Qualidades ou Propriedades do Sexo

O sexo foi ideia de Deus. Percorrendo as Escrituras, descobri que a sexualidade envolve três qualidades ou propriedades. Primeira:

O sexo é bom. O Livro de Gênesis relata: "E viu Deus tudo quanto tinha feito, e eis que era *muito bom*" (1.31, ênfase do autor). Outra versão diz: "... excelente em todos os modos". O sexo foi criado por Deus, e quando expressado altruisticamente dentro do matrimônio, é uma ótima coisa. A intimidade sexual é um dos aspectos mais saudáveis, belos e significativos do casamento. Não obstante, se não for manifestado dentro de um contexto amoroso, pode causar mais prejuízo que benefício.

Em segundo lugar, sexo pode ser uma proteção positiva para o casamento, porque Deus nos diz que *o sexo é cola*. Em Gênesis, lemos: "Portanto, deixará o varão o seu pai e a sua mãe e *apegar-se-á* à sua mulher, e serão ambos uma carne" (2.24, ênfase do autor). A expressão sexual não une o par apenas fisica, mas também emocionalmente. Ela imprime cada cônjuge no coração e na mente do outro. Por isso, a intimidade sexual é a maior proteção contra as tentações exteriores. Quando marido e mulher vivem um relacionamento sexual positivo, pensam duas vezes antes de arriscar essa confiança. Eles já possuem uma fonte de intimidade preciosa, e qualquer outra, por mais atraente que pareça, é superficial comparada a ela.

Entregar-se livremente ao cônjuge é sinal de romance verdadeiro. A terceira coisa é que *o sexo é uma dádiva*. O apóstolo Paulo asseverou: "A mulher não tem poder sobre o seu próprio corpo, mas tem-no o marido; e também, da mesma maneira, o marido não tem poder sobre o seu próprio corpo, mas tem-no a mulher" (1 Co 7.4). Cada ato sexual é uma dádiva que expressa: "Eu amo você. Estou comprometido. Quero dar-lhe não só o meu coração, mas tudo o que sou". O sexo é um presente incrível, porque simboliza muitas coisas. Os votos matrimoniais legalizam o casamento, mas somente a intimidade sexual o consuma. O dicionário define *consumar* como *completar, realizar*. Essa é uma dádiva que valida todas as esperanças e sonhos de relacionamento de um casal.

Todo casal deve abraçar estas três qualidades do sexo e estabelecer como prioridade o unir-se sexualmente ao menos uma vez por semana. Um casal cercou-me depois de eu haver falado sobre "as três propriedades do sexo" e concordou: "As três propriedades são ótimas. De fato, achamos que elas são tão boas, que acrescentamos mais três: generoso, gentil e alegre". Esse casal compreende que é preciso fazer amor de um jeito que demonstre amor. Se o seu momento íntimo reduz-se a culpa, hábito, ou dever, algo está terrivelmente errado. Não era isso o que Deus tinha em mente.

Parte de nosso compromisso conjugal é satisfazer as necessidades um do outro. Os aspectos sexuais dessas necessidades abrangem coisas como brincadeiras, romantismo, toque físico, afeição e intimidade. E essas não são partes opcionais de um matrimônio. Por conseguinte, Paulo recomenda aos casados: "Não vos defraudeis um ao outro" (1 Co 7.5a). A frustração sexual produz irritabilidade, insegurança, impaciência e distanciamento. Pode ainda causar a quebra da confiança e da conexão emocional. Kevin Leman escreve: "Um marido sexualmente satisfeito fará qualquer coisa por você".

Todavia, se a mulher simplesmente se submete ao ato, sem estar emocionalmente envolvida, o marido não se sentirá verdadeiramente realizado. Maridos saudáveis são sexualmente satisfeitos quando as suas esposas também o são. É possível um casamento sem intimidade sexual, mas ele não será tudo o que Deus planejou que fosse. Compreendo que, para algumas pessoas, o sexo seja um tema difícil. Caso haja abusos, exploração, traição, vergonha ou culpas associados ao sexo, pode haver uma tendência a evitar ou limitar a conexão íntima. Embora eu queira ser sensível ao seu conflito — e o seu cônjuge deva mostrar paciência e compaixão — essa área é crucial para um relacionamento saudável. Todo casal precisa de períodos regulares de conexão sexual. Embora a periodicidade possa variar entre um casal e outro, não é recomendável passar mais de dez dias sem uma relação sexual. Pode haver exceções a esta regra, mas somente se ambos concordarem plenamente com um período maior de abstinência, por uma razão específica.

Comunicação e Conexão

O aspecto mais importante para a intimidade sexual é a comunicação. Contudo, o que mais me choca, como psicólogo, é que pouquíssimos casais conversam abertamente sobre o seu relacionamento íntimo. Por causa deste silêncio, muitos cônjuges enfrentam mágoa, confusão, frustração e falta de realização sexual. Tyler e Haley estão casados há 12 anos, mas conversar sobre sexo lhes parecia totalmente inapropriado. Assim, nenhum dos dois confessava ao outro que gostariam que os seus momentos íntimos fossem mais frequentes. Um ficava à espera de que o outro começasse. Haley acreditava que o homem devesse tomar a iniciativa, e Tyler não queria dar curso às suas necessidades, a menos que tivesse certeza de que ela estaria interessada. Por 12 anos, este casal — que muito se ama — sentiu-se, cada um de seu lado, solitário, indesejado e frustrado em sua intimidade sexual. Depois de conversarem abertamente em meu consultório, eles também descobriram que Haley gostaria de mais beijos, e Tyler apreciaria mais paixão. Esta comunicação abriu-lhes o relacionamento. Recentemente, Haley contou-me que a conexão sexual de ambos está melhor que nunca.

Intimidade sexual positiva envolve falar de suas necessidades, expectativas, preferências, temores, zona de conforto e sensibilidades. O diálogo aproxima o casal e, embora não resolva todos os conflitos sexuais, ao menos permite aos cônjuges entender-se melhor. Compreendo que isso possa ser desconfortável, mas valerá a pena. No jardim do Éden, "... ambos estavam nus, o homem e a sua mulher; e não se envergonhavam" (Gn 2.25). Em todo o Cantares de Salomão, a esposa e o esposo falam francamente, um ao outro, de sua intimidade. Expressam suas emoções e desejos; discorrem sobre os seus corpos, beijos, abraços e relacionamento íntimo. De fato, no passado, o livro parecia tão pessoal, que os rabinos recomendavam a sua leitura somente aos casados, ou acima de 30 anos. Nele, a esposa convida diretamente ao esposo: "Vem, ó meu amado, saiamos ao campo... ali te darei o meu grande amor" (7.11,12). O marido elogia: "Quão formosa e quão aprazível és, ó amor em delícias!" (7.6). Ela orgulha-se: "Eu sou do meu amado, e ele me tem afeição" (7.10).

A intimidade sexual precisa ser explorada e conversada. Willard Harley explica isso da seguinte forma: "A chave da comunicação destranca as portas da ignorância e abre, a todo casal, a oportunidade para a compatibilidade sexual no casamento". A melhor maneira de se conhecer um ao outro é fazer perguntas e ouvir as respostas. Em seu livro *The Five Love Needs*, Gary e Barbara

Rosberg encorajam o leitor a tornar-se um aprendiz do cônjuge, fazendo-lhe as seguintes indagações:

- "O que revelaria a você que eu me interesso por suas necessidades sexuais?"
- "Com que frequência você carece de intercurso sexual?"
- "O que lhe é mais satisfatório em nosso relacionamento sexual?"
- O que você precisa que eu faça com mais frequência?"
- O que você precisa que eu faça com menos frequência?"
- "O que significa para você, se eu tomo a iniciativa para o sexo?"
- Se eu não estiver pronto para o sexo tanto quanto você, como poderei demonstrar isso sem que se sinta rejeitado?"

Este questionário pode ajudá-los a começar, mas não se limitem a ele. O relacionamento íntimo de cada casal é pessoal e único, e tem a sua própria cota de perguntas que precisam ser feitas e respondidas. Então, por favor, tenha a coragem de perguntar, e mostre respeito ao responder. Assim fazendo, o seu relacionamento haverá de crescer.

A comunicação leva à conexão — uma conexão positiva, mutuamente satisfatória, e construtora do relacionamento. Esta espécie de conexão deve acontecer ao menos uma vez por semana, e cada uma delas, para ser de ótima qualidade, envolve:

1. *Contexto*: A interação do casal nas doze horas que antecedem o ato conjugal estabelece o contexto para a intimidade. Gestos atenciosos e gentis abrem a porta do coração um do outro. Sentir-se seguro, respeitado e amado pelo cônjuge é um sentimento maravilhoso. Deixar o outro saber que é ele sua prioridade e alguém especial a você é altamente romântico. Cumprimentos e tempo com qualidade criam um contexto de amor que, mesmo se não levar à relação sexual, aprofundará o relacionamento e aproximará os cônjuges. De igual modo, a negligência, a rudeza e o conflito afastarão os cônjuges e reduzirão a probabilidade de um momento íntimo.

2. *Atmosfera*: Uma atmosfera romântica suaviza o coração do cônjuge e recorda-lhe tudo o que é positivo num relacionamento. As mulheres tendem a ser mais impactadas pelo romantismo, mas os homens também têm o seu lado romântico. A atmosfera é construída sobre o contexto, focalizando, todavia, aquilo que funciona como estimulante. Um momento romântico deve ser iniciado com bondade, generosidade, sensibilidade e amor. Contudo, o que torna a atmosfera tão poderosa e pessoal é o modo como ela é percebida através dos cinco sentidos. Por meio da visão, somos incitados por luzes de velas, lingerie, flores e certas tonalidades de cor. Pela audição, somos despertados por palavras gentis e música romântica. Um toque carinhoso, segurar a mão, passar o braço à volta dos ombros, um beijo na face, um afago no braço, ou uma carícia dos dedos nos cabelos podem enviar uma eloquente mensagem. O gosto de uma refeição ou sobremesa especial acrescenta uma sensação prazerosa a qualquer atmosfera. Um dos sentidos mais negligenciados é o do olfato, embora muitos pesquisadores acreditem ser ele o meio mais poderoso para mudar-nos a disposição. Óleos ou velas perfumadas, hálito mentolado, perfume ou colônia podem enviar ao cérebro mensagens relaxantes ou excitantes, cujo impacto durará muitas horas.
3. *Conexão*: Os homens e as mulheres entendem a sexualidade de modo diverso. A maioria das mulheres precisa de alguma forma de conexão emocional antes de interessar-se pela sexual. O meio mais eficaz de se estabelecer esta conexão com uma mulher é a comunicação. Conversar e ouvir pode aquecer o coração de sua esposa e ajudá-la a estar mais predisposta ao sexo. Quando um homem partilha seu coração — seus medos, desafios, empolgações e alegrias — atrai para si a companheira. Elogios e encorajamento podem, de igual modo, aprofundar a intimidade emocional. Também há ocasiões em que um ouvido atento e um ombro onde reclinar-se enviam mensagens mais penetrantes que mil palavras. Semelhantemente, um

toque assexuado pode expressar: "Amo você. Estou aqui, e você pode sempre contar comigo". Lembremo-nos que intimidade sexual tem mais a ver com relacionamento que com técnicas. Este é o componente onde verdadeiramente tocamos o coração um do outro.

4. *Estímulos preliminares*: É onde o casal cruza a linha entre intimidade emocional e intimidade física. Separem ao menos 10 ou 15 minutos para as preliminares. Esta é a área em que a maioria dos homens avança rápido demais, indo diretamente às zonas erógenas. Desacelerem e, gentilmente, demorem-se a explorar o corpo um do outro. Muitas mulheres indicam que este componente da intimidade sexual é o mais satisfatório e excitante. Existem três aspectos na preliminar, que aumentam a proximidade do casal e precisam ser cuidadosamente nutridos.

   Beijar-se é uma arte que muitos casais negligenciam. No beijo, dois indivíduos — corpo, alma e espírito — achamse totalmente focados um no outro. Descubra como o seu cônjuge gosta de ser beijado e torne-se especialista em beijo. Concentre-se nos lábios, mas não receie explorar outras partes do corpo, onde os beijos são apreciáveis.

   Abraçar é parte importante em todo casamento. Deitarse nos braços um do outro, com os corpos ajustando-se perfeitamente, oferece um prazer surpreendente. Às vezes, as mulheres querem apenas ficar abraçadas e nada mais. Contudo, a maioria dos homens acha isso tão excitante, que anseia por uma união mais íntima.

   Acariciar envolve tocar e massagear um ao outro, de modo a mostrar verdadeiramente o seu amor. Aprendam a fazer massagens relaxantes e que os coloquem em sintonia um com o outro. Comece com o pescoço, ombros, costas, pernas, ou pés — qualquer parte que der ao cônjuge maior prazer. E então se mova gentil e amorosamente às áreas íntimas.

5. *Interação*: É onde a excitação atinge o auge. O casal partilha seus corpos numa união que traz prazer e proximidade, tão extravagante, que pouca coisa pode comparar-se a ela.

É uma experiência verdadeiramente espiritual/emocional/física, sagrada e que deve ser protegida e exclusiva. É um símbolo de unidade e comprometimento. Ela culmina num orgasmo liberador de endorfina e oxitocina, a tal nível, que o casal sente grande bem-estar e maior união. De fato, os casais orgásmicos vivem mais, parecem mais jovens, permanecem mais saudáveis, sentem-se mais felizes, cooperam mais livremente e amam mais profundamente. A interação implica na entrega de um ao outro, naquele que é um dos prazeres mais intensos da vida. Não foi por acaso que Deus reservou isso ao casamento, pois cada união sexual é uma reafirmação dos votos matrimoniais, com um penhor pessoal de amor mútuo e ilimitado. Por conseguinte, é neste símbolo físico que o amor de marido e mulher é atestado, o relacionamento é intensificado, o romance é reacendido e a segurança reafirmada. Reduzir a intimidade sexual a um ato meramente físico é perder o seu significado completo.

6. *Fechamento*: Nunca permitam que a sua relação íntima termine abrupta ou negativamente. Não importa o que ocorra ou deixe de ocorrer nos componentes prévios da intimidade, vocês desejam uma proximidade amorosa e afirmadora em seu momento sexual. Mesmo que um dos dois se sinta frustrado, desapontado ou insatisfeito, deve agradecer ao outro por algum aspecto daquele momento juntos. Tais assuntos serão tratados de forma melhor, se deixados para mais tarde, quando o casal estiver menos emotivo.

   Lembrem-se de que fazer amor é um presente, não uma obrigação ou algo que se pode exigir. Cuidado com reações que possam suscitar embaraço, vergonha ou culpa. Em vez disso, edifiquem um ao outro com elogios e encorajamento. Quando um dos dois se sente constrangido acerca de qualquer aspecto da sexualidade, há o risco de retraimento, perda do desejo, redução da excitação e dificuldades para o orgasmo. Então, ao término de cada ato, permaneçam nos braços um do outro, agradecendo-se mutuamente pelo partilhamento físico. Reafirmem um ao outro o quanto se amam e se apreciam. Façam o fechamento deste instante precioso com um beijo ou uma oração — ou ambas as coisas.

Todos estes seis componentes são importantes. Pular ou ignorar qualquer um deles pode prejudicar a qualidade da intimidade sexual. Praticar cada um deles em todos os momentos amorosos fortalecerá o relacionamento de um modo que vocês nunca imaginaram.

Resumo

A intimidade sexual requer paciência e sensibilidade às necessidades do cônjuge. Não é ávida nem exigente; não é mesquinha nem manipuladora. Ao contrário, quanto mais se dá em cada área, mais salubre e mais satisfatório é o momento íntimo. Conforme escreveu Ed Wheat em *Lovelife*: "Cada união física deve ser uma competição para ver qual dos dois consegue dar mais prazer ao outro". A alegria desta área enriquece todas as demais áreas do casamento. Então, se aconcheguem e deixem o romance crescer.

Projetos para o Quarto de Casal

1. Sentem-se juntos e discutam: Com qual das oito fendas vocês lutam mais, e com qual lutam menos?

2. Recordem juntos o seu melhor momento íntimo.

3. Descubram quanto tempo pode durar um beijo. Vão a vários lugares românticos e tentem quebrar o recorde de seus beijos.

4. Coloquem para tocar uma música relaxante, e deem um ao outro meia hora de massagem nas costas, pernas e pés.

5. Conversem sobre as sete questões sexuais de Gary e Barbara Rosberg. Cada um faça ao outro três perguntas adicionais que os ajudarão a compreender-se melhor.

11

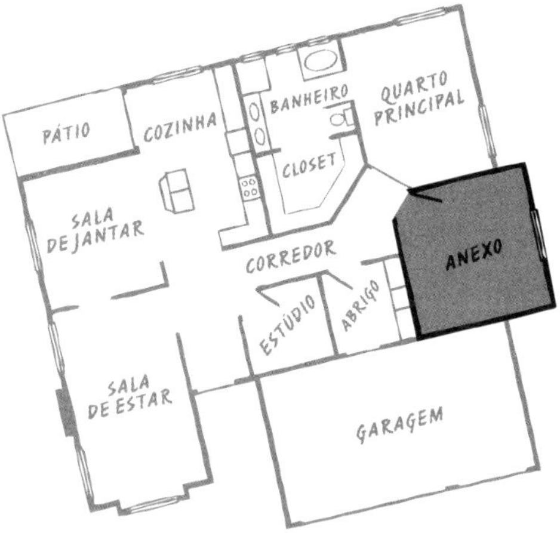

O ANEXO
Projetos Futuros

A nossa casa acha-se em constante estado de transição e crescimento. Há sempre um novo projeto — algo em que nos estendemos para além da planta original, e que criará novas áreas, ou aproveitará melhor aquelas já existentes. Em 13 anos, desde que nos mudamos para cá, já fizemos um monte de adições. Já construímos um espaço para brincadeiras, um forte na árvore, uma área de serviço nos fundos da garagem, que incluiu prateleiras, armários, quadro de ganchos para pendurar minhas ferramentas e uma grande mesa de carpintaria.

O nosso maior anexo foi construído quando o nosso filho caçula tinha quatro anos. Àquela altura, compreendemos que os nossos meninos eram tão diferentes um do outro, que cada um precisava de seu espaço individual. Então decidimos construir outro quarto. Tami e eu verificamos o melhor lugar para ele, desenhamos a planta, revimos o nosso orçamento e contratamos um carpinteiro que o tornasse realidade. Um mês depois, um cômodo de mais de 40 metros quadrados havia sido acrescentado à nossa casa e nunca nos arrependemos da decisão de expandir.

Toda casa precisa de seus sonhos. Tami tem o sonho de construir uma pérgula sobre a nova área de nosso pátio. Ela imagina-se relaxando numa cadeira Adirondack, à sombra de uma trepadeira em flor, que cresce por cima da estrutura. Ela pode ver as luzes cintilantes lançando o seu encanto, à medida que o sol de verão pende por trás das silhuetas dos abetos. Agora, desejo que o sonho de Tami se realize. Então, dentro de duas semanas, alguns bons amigos ajudar-me-ão a construir a pérgula de Tami. Os fios elétricos já foram puxados por baixo do pátio, e a trepadeira está pronta para ser plantada. Esperamos que a estrutura esteja terminada antes que o tempo esfrie demais. Assim, na próxima primavera, ela poderá sentar-se em sua cadeira Adirondack e apreciar as flores púrpuras pendendo das vigas acima dela, sabendo que os sonhos podem tornar-se realidade.

No inverno passado, a minha filha, Brittany, teve um lindo sonho para a nossa casa. Ela queria cavar um espaço sob a nossa sala de estar, a fim de construir uma área para se reunir com seus amigos adolescentes. Achei que era uma grande ideia, mas quando pesquisamos, descobrimos que era simplesmente infactível. Brittany ficou desapontada. Tentei explicar que os custos seriam altos, muitas colunas de sustentação teriam de ser mudadas de lugar, e não havia um local adequado para a porta de entrada. Apesar de o sonho de Brittany não se concretizar, foi muito bom vê-la olhando para o futuro. Se não olharmos adiante, acabaremos ultrapassados e mortos.

Periodicamente, Tami e eu sentamo-nos juntos e conversamos sobre acréscimos, melhoramentos e expansões que poderíamos fazer para a casa que amamos cada vez mais. Já sonhamos em construir uma pequena casa de hóspedes no quintal, ou adicionar um alpendre rústico no jardim, ou remodelar o cômodo extra sobre a garagem para abrigar os nossos pais ou alguém necessitado. Olhar juntos para o futuro é divertido e empolgante; insufla vida ao nosso relacionamento e aproxima-nos mais um do outro. Acredito firmemente que um casal que sonha junto tem mais probabilidades de estar junto no futuro.

Intimidade Futura

— O mundo vai direto para o inferno — vociferou o senhor Jones.

— Não sabemos mais em quem confiar! — Reclamou o senhor Wagner.

— Os preços continuam a subir, prosseguiu Jones, — e a moral continua a cair.

— Todo mundo envelhece e morre. Odeio o futuro — ajuntou Wagner. — É só mais uma coisa com que se preocupar.

Vários anos já se passaram desde que ouvi essa conversa, mas ela é tão atual quanto esta manhã. O futuro deixa muita gente nervosa, porque é uma grande incógnita. Tiago escreveu que ninguém sabe o que acontecerá no futuro (Tg 4.14). Lembro-me da recomendação de Jesus: "Não vos inquieteis, pois, pelo dia de amanhã, porque o dia de amanhã cuidará de si mesmo. Basta a cada dia o seu mal" (Mt 6.34).

Alguns veem o futuro como um lugar de ansiedade, confusão ou desespero. Outros o enxergam cheio de esperança, entusiasmo e oportunidades. Não importa como você o veja, o seu futuro tem um grande poder. Recentemente, alguém me disse que o nosso futuro tem mais poder sobre quem nós somos do que o nosso passado. O futuro puxa-nos adiante, determina quem seremos e, geralmente, forma quem somos.

O futuro, sob muitos aspectos, é o que fazemos dele. É uma grande aventura, como um vasto oceano cheio de surpresas: traçamos uma rota através do mar, não sabendo o que, exatamente, as condições climáticas nos reservam. Poderá ser uma navegação sem nuvens, ou um tufão. Poderemos não ser capazes de controlar as tempestades e catástrofes da vida, mas podemos posicionar-nos onde o barco não afunde. O maior perigo dessa jornada é não escolher um curso. Como alguém já enunciou: "Muita gente mira no nada, e geralmente o acerta". Eis aqui 12 áreas de crescimento potencial para o seu futuro.

1. Educacional	5. Pessoal	9. Intelectual
2. Financeira	6. Conjugal	10. Emocional
3. Profissional	7. Paternal	11. Social
4. Espiritual	8. Física	12. Recreativa

Os casais que não planejam o futuro de forma empreendedora acabarão, provavelmente, olhando o passado com arrependimento. Aqueles que olham para o futuro, e desenvolvem uma estratégia para fazê-lo significativo, aproximam-se cada vez mais um do outro. No livro de Jeremias, o Senhor Deus declara: "Porque eu bem sei os pensamentos que tenho a vosso respeito, diz o Senhor; pensamentos de paz, e não de mal, para vos dar o fim que esperais" (Jr 29.11). O futuro é uma aventura, e para aproveitá-lo ao máximo, precisamos considerar os quatro conceitos a seguir: Visão, sonhos, metas e legados.

Visão

Há muitos anos, Albert Einstein, um dos homens mais brilhantes do século XX, estava viajando de trem para Nova York. Quando o bilheteiro se aproximou, ele procurou pela passagem, mas não a encontrou.

— Não se preocupe, Dr. Einstein — tranquilizou-o o bilheteiro. — Todos sabem quem é o senhor.

Vinte minutos mais tarde, o bilheteiro retornou ao vagão e encontrou Einstein engatinhando pelo assoalho, procurando sofregamente pelo bilhete.

— Não se preocupe — repetiu o bilheteiro. — Confiamos no senhor.

Einstein olhou para o jovem em completa frustração:

— Você não entende. Não é uma questão de confiança, mas de direção. Eu preciso encontrar aquela passagem, porque não sei para onde estou indo!

A visão é tudo, quando se trata de direção. Muita gente vagueia pela vida sem rumo certo, inseguros de onde estão indo. Muitos casais atravessam o casamento sem ideia do que estão fazendo, sem a certeza de onde querem ir, ou confusos a respeito de como chegar lá. Se Tami e eu queremos tirar férias, uma das primeiras coisas a combinar é onde e quando. Sem uma visão compartilhada, corremos o risco de ficar um contra o outro, andando em círculos, ou nem mesmo sair do lugar. O famoso escritor Antoine de Saint-Exupery escreveu: "O amor não consiste em fitar um ao outro, mas em olhar juntos para a mesma direção". Este é o ponto alto de uma visão compartilhada.

Todo casal precisa de uma visão, e uma das melhores maneiras de se expressar esta visão é por meio de uma declaração de propósito. Isto dá ao casal uma perspectiva compartilhada do futuro. Fazer uma declaração de propósito para o matrimônio é fácil. Na verdade, é fundamental que ela não seja longa nem complicada. Juntos, se afastem das distrações da vida, num lugar onde possam discutir e definir o que é mais significativo a vocês como casal. Identifiquem suas prioridades e paixões, e então estabeleçam a sua direção. Enquanto escrevem, lembrem-se destas cinco palavras:

- *Claro*. Fácil o suficiente para ser entendida por alguém de 12 anos.
- *Concisa*. Não mais que duas sentenças.
- *Simples*. Elementar o suficiente para ser recitada de memória.
- *Significante*. Tão importante, que fará uma diferença real em sua vida e em seu mundo.
- *Unificadora*. Que reflita uma visão partilhada por ambos e incondicionalmente sustentada.

Uma visão para o matrimônio, compartilhada pelo casal, aproxima os cônjuges, além de proporcionar significado e propósito. Em seu livro *Man's Search for Meaning*, Viktor Frankl declara que, sem um propósito, a vida torna-se insignificante. Sem um propósito, entramos em aborrecimento, depressão e morte emocional/intelectual/espiritual. A visão confere à vida não apenas uma direção, mas um propósito. Se um casal puder descobrir uma direção comum, e segui-la juntos, a compensação será indizível.

Jeff e Michelle sentiam-se infelizes no casamento. Não que não fossem comprometidos um com o outro; apenas faltava algo. Eles tinham uma ótima comunicação e poucos conflitos. Ambos trabalhavam em bons empregos e haviam acabado de construir a casa de seus sonhos. Para quem estava de fora, tudo parecia perfeito; os dois, porém, que estavam dentro, se sentiam frustrados.

Certa manhã, Michelle perguntou a Jeff: "Onde você quer estar em cinco anos?"

Daquela simples indagação, vieram semanas de conversa perquiridora. Logo eles descobriram que a direção que estavam seguindo, como casal, era mais o resultado de circunstâncias e conforto do que de um planejamento sério. Eles sentaram-se juntos e desenvolveram uma visão para a sua intimidade futura. Discutiram seus talentos e habilidades, bem como os seus valores e predileções. Lado a lado, fizeram uma declaração matrimonial, que envolvia o serviço cristão de tempo integral.

Após anos de direção nebulosa, Jeff e Michelle sentiram-se mais próximos que nunca. Venderam a casa, demitiram-se do emprego e começaram a trabalhar para um orfanato no México. Com essa visão unificadora, eles sentiram que o casamento ganhou um significado mais profundo. Nele existe, agora, a peça que faltava.

A maioria das declarações de propósito para o casamento não é tão drástica assim. Conheça algumas declarações que deram, a muitos casais, o início da jornada para a intimidade futura:

- Juntos, desejamos ser os pais mais efetivos que pudermos — criando filhos saudáveis e piedosos que desejem ter conosco um relacionamento positivo enquanto vivermos.
- Lado a lado, comprometemo-nos a amar a Deus e ao próximo.
- Apoiaremos os sonhos um do outro, fazendo todo o possível para ajudar, encorajar e torná-los realidade.
- Ajudaremos um ao outro a ser uma pessoa melhor. Visamos, com isso, crescer em caráter, fé, amor, sabedoria, simplicidade e contentamento.

Da visão vem a missão, e da missão, a direção e o significado. Muitos casais são como o Robbit, da trilogia de J. R. R. Tolkien, *Senhor dos Anéis*. Gostam de uma vida confortável, com uma cama quente e comida farta. Sentem-se satisfeitos em viver aqui e agora. Não obstante, conforme descobriu Frodo Baggins, há uma grande aventura à sua espera. Tudo o que precisam fazer é abrir os olhos e caminhar para fora do ordinário. É quando a visão pode tornar-se realidade, e os sonhos, verdade.

Sonhos

Justin e Brittany eram amigos desde o Ensino Fundamental. Começaram a namorar no Ensino Médio, e casaram-se logo após completar a faculdade. Dois anos depois, Justin notou que Brittany estava cada vez mais calada e retraída.

— Você está aborrecida comigo? — Indagou ele.

— Não — respondeu ela. — Você é maravilhoso, mas eu sempre sonhei em fazer pós-graduação na Europa. Dói-me saber que isso nunca acontecerá.

— Por que não?

— Simplesmente não é possível.

— Mas se isso ainda é importante para você, poderemos descobrir um modo de fazê-lo.

Um ano mais tarde, Brittany e Justin mudaram-se para a Europa, onde ela matriculou-se na escola de seus sonhos.

Justin estava determinado a ajudar Brittany a tornar seus sonhos realidade. Por isso, a apreciação dela por ele foi às alturas, e a intimidade do casal ficou melhor que nunca.

Sem sonhos, alguma coisa morre dentro de nós. Precisamos de sonhos para crescer, amar e viver. Carecemos de sonhos para emocionar-nos com a vida, e o nosso cônjuge necessita deles também. Parte de nossa tarefa como um cônjuge amoroso é encorajar e ajudar o outro a transformar os sonhos em realidade. E o nosso cônjuge fará o mesmo por nós. Em qualquer relacionamento, podemos matar ou reavivar os sonhos da outra pessoa. Veja sete coisas capazes de matar os sonhos:

1. Pensar pequeno demais.
2. Protelação.
3. Falta de planejamento.
4. Medo.
5. Indolência.
6. Distração.
7. Negativismo e críticas.

Às vezes, nós mesmos matamos os nossos sonhos; outras vezes, os outros os matam. A morte de um sonho frequentemente leva ao desapontamento, ao desgosto, à depressão, à ira ou até ao desespero. Contudo, em algumas situações, um cônjuge não teria o direito ou a responsabilidade de matar os sonhos do outro?

Não acredito nisto!

Mas, e se um sonho parece impossível?

E quando o sonho custa-me algo?

E se o sonho me assusta?

Não acredito que alguém tenha de matar os sonhos do outro (a menos que eles sejam ilegais, imorais ou perigosos). Mas acredito que um cônjuge possa ter de ajudar o outro a reavaliar, reajustar e remodelar os sonhos.

Não tire os sonhos de seu cônjuge. Apenas ajude-o a desenvolvê-los melhor. Matar um sonho é como matar uma parte da pessoa. Isso pode ser algo que se volte contra você pelo resto da vida.

Alguns sonhos, provavelmente, precisam ser revisitados. Se alguém deseja ser cantor, mas não consegue afinar o tom, por exemplo; ou se almeja ser jogador de futebol, mas já teve os joelhos quebrados. As aspirações devem ser modificadas quando se deseja um Porsche e não se tem dinheiro.

No entanto, a maioria dos sonhos pode ser afirmada e validada. Às vezes basta que os ajustemos um pouco para que se realizem. Alguém já disse que ninguém tem o direito de jogar água fria nos sonhos de outrem. Assim, em vez de sufocar os sonhos de Tami, quero apoiá-los. Os sonhos realmente podem concretizar-se, e se um cônjuge não faz o melhor que pode para ajudar o outro a alcançá-los, está perdendo uma excelente oportunidade de fazê-lo feliz. Veja sete coisas que podem avivar os sonhos:

1. Permissão para sonhar.
2. Paixão e empolgação.
3. Determinação.
4. Conversa positiva.
5. Visualização do sucesso.
6. Interesse pelos outros.
7. Encorajamento.

Você tem os seus sonhos, e o seu cônjuge, os dele. Apoiar os sonhos um do outro é crucial para um casamento satisfatório. Não obstante, muitos casais sequer conhecem os sonhos um do outro. Logo que nos casamos, Tami sonhava desenhar e construir a nossa casa. Após alguns anos, esse sonho materializou-se. Então ela passou a sonhar com um jardim onde houvesse centenas de flores variadas. Eu nem sabia que tantas espécies pudessem crescer no Oregon. Agora, o nosso jardim floresce de fevereiro a novembro. Esses foram dois sonhos que ajudei Tami a concretizar. No processo, descobri que partilhar de seus sonhos permitia-me partilhar de sua alegria. Contudo, os sonhos não têm de se realizar para trazer felicidade. Às vezes, só o sonhar e partilhar o sonho um com o outro já traz regozijo.

Tami possui outros sonhos que ainda não se tornaram verdade. Ela gostaria de, algum dia, aprender a tocar piano, ajudar crianças carentes, e viajar à Austrália. Esses três sonhos podem acontecer.

Conheço uma mulher que fez uma lista de cem sonhos, em seu vigésimo primeiro aniversário. Alguns eram grandes; outros, modestos. (Número 16: Visitar a Casa Branca. Número 37: Esqui aquático. Número 42: Escorregar num declive. Número 56: Comer escargot. Número 59: Assistir a um show na Broadway. Número 80: Subir a Torre Eiffel. Número 98: Ler *Guerra e Paz*. A sua meta era realizar dois ou três de seus sonhos por ano.

Vinte anos se passaram, e essa mulher já riscou mais de 50 sonhos de sua lista. Seu esposo foi o grande incentivador dos primeiros cinquenta e, juntos, eles almejam cristalizar os 50 restantes. Conheça os próprios sonhos. Conheça os sonhos de seu cônjuge.

Neil Clark Warren escreveu em seu livro, *The Triumphant Marriage*, que aprender a sonhar juntos é crucial. Às vezes, sonhar juntos implica em aceitar os sonhos do outro. Os sonhos de Tami desenhar e construir a nossa casa logo se tornaram meus também. Juntos, Tami e eu sonhamos com filhos, viagens e ajudar ao próximo.

Eu desafio os cônjuges a sonhar juntos. Sonhar alto. Tirar os sonhos da caixa. Muitos casais não sonham porque temem sofrer desapontamentos. Eu, porém, fico desapontado quando os casais não sonham. Sem sonhos, ninguém casaria, não construiria uma família nem decoraria a casa. Sem sonhos, o mundo teria menos beleza e mais escassez, menos riso e mais sofrimento, menos paz e mais injustiça. Certa vez Robert Kennedy declarou: "Muitos veem as coisas como elas são e indagam: 'Por quê?' Eu sonho com coisas que nunca existiram e pergunto: 'Por que não?'"

Sonhem sempre.
Sonhem corajosamente.
Sonhem amorosamente.
Sonhem juntos.

Quando fizerem isso, o seu mundo se alargará e o seu relacionamento crescerá. Os sonhos são faíscas para o casamento, e com elas, maravilhosos fogos de artifício podem ser acesos. Desejo partilhar com vocês algumas belas citações sobre os sonhos:

- "Se você não tem sonhos, não tem nada" (Jim Morris, no filme *The Rookie*).
- "Todos os nossos sonhos podem se tornar realidade se tivermos coragem de persegui-los" (Walt Disney).
- "O futuro pertence àqueles que acreditam na beleza de seus sonhos" (Eleanor Roosevelt).
- "Estime suas visões e seus sonhos como se eles fossem os... projetos de suas maiores realizações" (Napoleon Hill).
- "Pode ser que os que mais fazem sejam os que mais sonham" (Stephen Leacock).
- "Crescemos através dos sonhos" (Woodrow Wilson).
- "Ajude os outros a realizar os sonhos, e você realizará os seus" (Les Brown).

Metas

Durante a década de 1860, Júlio Verne escreveu sobre viagens ao redor da lua.

Em 1901, H. G. Wells publicou um livro intitulado *O Primeiro Homem na Lua*.

No dia 25 de maio de 1961, o presidente John F. Kennedy anunciou: "Acredito que esta nação deva comprometer-se a alcançar a meta de, antes que termine esta década, pousar um homem na lua e trazê-lo de volta à terra com segurança".

Impossível!

Ridículo!

Caro demais!

Perigoso demais!

Durante os oito anos seguintes, muitos zombaram da meta fantástica. Muitos outros, porém, trabalharam e incentivaram até que, em 24 de julho de 1969, Neil Armstrong tornou-se o primeiro homem a pisar na lua.

Este é um exemplo de um sonho que virou meta, e uma meta que finalmente tornou-se realidade. Os sonhos e as metas são, de certa maneira, os dois lados de uma mesma moeda, mas com algumas diferenças significativas. Napoleon Hill escreveu: "A meta é um sonho com prazo marcado". As metas são, geralmente, mais definidas que os sonhos, e assim, acham-se um passo mais perto da realidade. Um sonho é geral, enquanto a meta é mais específica. Espero que os seus sonhos se transformem em metas.

Para ser bem-sucedido em qualquer área da vida, é preciso estabelecer alvos, e o casamento não é exceção. Todo matrimônio carece de metas para que o relacionamento cresça, melhore, sobreviva e seja tão satisfatório quanto possível. Falhar em estabelecer alvos é malograr a si mesmo, conforme exemplificou Bob Richards, praticante de salto com vara e ganhador de duas medalhas de ouro em olimpíadas: "Você não atinge um ponto mais alto do que aquele onde mira".

Alfonso e Keeley eram igualmente esbanjadores, e após cinco anos de vida conjugal, as suas finanças achavam-se arruinadas. Eles buscaram a ajuda de um orientador financeiro e, juntos, estabeleceram metas para sair das dívidas em três anos. Fizeram um orçamento austero e concordaram em não usar os cartões de crédito durante esse período. Também combinaram eliminar as despesas "extras" imediatamente.

Nada de TV a cabo.
Nada de jornais ou revistas.
Nada de refrigerantes e cafezinhos.
Nenhum aparelho de som novo.
Nenhuma compra acima de cem dólares, a não ser que fosse crucial.

Era difícil desistir de todas essas coisas, mas o casal achava-se determinado. Três anos mais tarde, Afonso e Keely cumpriram a meta, e o entusiasmo desse sucesso fortaleceu-lhes a união. Depois de se livrar das dívidas, sentiram-se tão fortalecidos, que criaram metas adicionais que revolucionaram a sua intimidade.

Marian Wright Edelman aconselha a "estabelecer metas e trabalhar calma e sistematicamente em sua direção". Parece simples demais, porém é tudo o que se precisa. O que geralmente nos lança em problemas são os nossos medos. Um amigo informou-me que a expressão "não temas" aparece cerca de 365 vezes na Bíblia, uma para cada dia do ano. Frequentemente, são os nossos temores que nos impedem de avançar. Apresentamos aqui cinco dos medos mais comuns.

1. *Medo de começar*. Os começos são a parte mais difícil. Zig Ziglar encoraja: "Você não tem de ser grande para começar, mas tem de começar para ser grande". Tranque os dentes e comece. Uma vez que a coisa principia a andar, tudo fica mais fácil.
2. *Medo de experimentar algo novo*. Todos nós temos as nossas zonas de conforto, e quando uma meta se estende para além do certo e seguro, sentimo-nos apreensivos. Contudo, alguns dos momentos de maior emoção, desafio e crescimento implicam em "estender-se". Abraão teve de deixar a terra natal, Moisés precisou enfrentar o mar Vermelho, Davi confrontou o gigante, os discípulos deixaram tudo para seguir a Jesus. Todos eles tentaram algo novo, e nunca se arrependeram.
3. *Medo da dificuldade*. Tudo aquilo que realmente vale a pena dá trabalho. O enfrentamento das dificuldades força-nos a crescer e amadurecer. E também leva-nos a apreciar as nossas metas num nível mais profundo. As coisas obtidas

facilmente não são tão valorizadas. Quanto mais difícil a meta, mais lembrada e entesourada será, depois de atingida.

4. *Medo de falhar*. Todos falhamos diariamente. O insucesso é uma oportunidade de aprender. Para muitos, porém, ele pode ser tanto um motivo para tentar como para desistir. Abraham Lincoln perdeu várias eleições seguidamente, mas nunca desistiu. Thomas Edison não conseguia encontrar os elementos certos para a lâmpada elétrica, mas continuou experimentando. Ernest Hem-mingway foi rejeitado pelas editoras, vezes após vezes, mas se recusou a desanimar. Nenhum deles permitiu que o medo os fizesse parar.
5. *Medo de mudar*. Se estamos fora da direção, corrigimos o curso. Se obtemos novas informações, modificamos a meta. Surpreendo-me, porém, com o número de indivíduos e casais que temem alterar o curso depois de haverem começado. É como se, depois que escolhessem um caminho, acreditassem que nem "o inferno ou as muitas águas" os levassem a desviar-se dele. Que ridículo! Não há nada de errado nem fraco em se alterar um alvo. Na verdade, a maioria das metas carece de ao menos um ou dois reajustes.

Agora que vimos os cinco medos a serem evitados, vejamos como conquistar a meta.

1. Registre-a por escrito e fixe-a onde possa ser vista diariamente.
2. Pesquise e descubra o melhor meio de se atingi-la.
3. Abrace-a e certifique-se de estar disposto a pagar o preço para torná-la real.
4. Arranje uma figura que o lembre daquilo que você tem em mira.
5. Estabeleça passos práticos e específicos do que deve ser feito diária e semanalmente.
6. Permita-se empolgar-se a respeito do que está fazendo e de onde está indo.

7. Considere o que possa bloqueá-lo, desencorajá-lo, ou distraí-lo, e então descubra meios de contornar estes obstáculos.
8. Faça cada passo o mais divertido e empolgante possível.
9. Peça a um amigo para checar o andamento com você, regularmente, e mantê-lo no rumo.
10. Cerque-se de pessoas que o encorajem.
11. Concentre-se em um passo de cada vez, sem esquecer-se de que cada um deles o leva para mais perto da linha de chegada.
12. Trabalhe com disciplina, consistência e paciência.
13. Lembre-se de que um recuo não é um fracasso.
14. Recompense a si mesmo a cada passo do caminho.
15. Pense positivamente, crendo que, com a ajuda de Deus, você pode conseguir.

Antes de eu iniciar o doutorado em psicologia, esperara sentar-me ao lado das pessoas mais inteligentes e criteriosas que já conhecera. Mas não foi isso o que aconteceu! A maioria dos estudantes era gente agradável e respeitável, mas simplesmente comum. O que os fazia diferente não era o brilho intelectual; era a persistência resoluta. Cada um deles fixara os olhos na meta e estava determinado a alcançá-la.

É surpreendente o que uma pessoa é capaz de realizar, quando é positiva e persistente. Lembra-se da história infantil sobre a pequena locomotiva que podia? O trem depara-se com uma subida longa e tão íngreme, que parece intransponível. Todavia, a locomotiva repete a si mesma: "Eu acho que posso, eu acho que posso, eu acho que posso...", enquanto, lentamente, sobe o morro. Quanto mais duramente ela trabalha, mais rápido avança o trem. A confiança da pequena locomotiva aumenta, e logo ela está dizendo: "Eu sei que posso, eu sei que posso, eu sei que posso..." Não demora muito, e ela chega ao topo. A moral da história é clara: Com atitude positiva e esforço persistente, podemos realizar muito mais do que julgamos possível.

As metas individuais são ótimas. Elas proveem-nos a oportunidade de estarmos ao lado de nosso cônjuge, apoiando, ajudando e encorajando-o. Acredito que, para sentir-se realizado na vida, cada pessoa necessita de metas individuais. De igual modo, para se ter um casamento que vai adiante, o casal precisa de metas compartilhadas. É emocionante constatar o quanto podemos realizar, quando planejamos, enfocamos e trabalhamos juntos num alvo comum. Sem metas compartilhadas, o relacionamento cai numa rotina de mediocridade e oportunidades desperdiçadas. As metas dão ao casal uma vida e um matrimônio com propósitos. Veja, a seguir, algumas metas de que me falaram certos casais.

- Livrar-nos das dívidas.
- Ler toda a Bíblia.
- Fazer um passeio romântico uma vez por semana.
- Conseguir um emprego melhor.
- Perder peso.
- Criar filhos saudáveis.
- Praticar algum *hobby*.
- Voltar a estudar.
- Chegar mais perto de Deus.
- Fazer as pazes com alguém.

O apóstolo Paulo escreveu: "Esquecendo-me das coisas que atrás ficam, e avançando para as que estão diante de mim, prossigo para o alvo" (Fp 3.13b,14a). Então, decidam as suas metas e empolguem-se com elas. Se elas refletirem realisticamente os seus valores e habilidades, vocês surpreender-se-ão com o quão longe poderão chegar. Nem sempre é fácil, mas sempre vale a pena. Mesmo que não realizem exatamente o que almejavam, enriquecerão a vida, melhorarão o matrimônio e fortalecerão a intimidade. Portanto, façam o que recomenda Tom Bradley: "Nunca desista. Mantenha seus pensamentos e sua mente sempre na meta".

Legados

O carro surgiu de repente, a 130 km por hora. A polícia e os paramédicos concordaram que Jacob morreu instantaneamente. A sua esposa e os três filhos adultos reuniram-se no funeral para relembrar a vida maravilhosa e o legado notável. Mas, então, uma mulher desconhecida, num vestido preto provocante e óculos escuros, entrou onde estavam. As cabeças se voltaram e os cochichos espalharam-se. De repente, o segredo veio à tona, e o seu legado ficou manchado para sempre.

Durante 35 anos, Jacob fora um marido exemplar. No último ano, contudo, envolvera-se com outra mulher. Ele sabia que era errado; sentia culpa e vergonha, mas não pôs um fim. A verdade golpeou, causando dor e desapontamento. Jacob já não era o esposo fiel e o pai fantástico. O seu amor, o seu bom caráter, e tudo o que era positivo nesse homem foi, então, eclipsado por sua falha moral.

Se Jacob houvesse recebido uma segunda chance, teria sido mais forte e mais compromissado. Pensaria além do momento.

Toda pessoa deixa um legado, e o mesmo faz todo casal. Alguns legados são positivos; outros não correspondem ao ideal. Frequentemente interrogo as pessoas acerca de seus pais, e uma das perguntas que faço é: Que tipo de relacionamento eles possuíam? Gosto muito de ouvir coisas como:

- Eles tinham um casamento maravilhoso.
- Eles eram um grande time.
- Ela cuidava bem dele.
- Ele era um verdadeiro romântico.
- Eles se amavam.

Mas frequentemente, também, falam-me de outra espécie de legado:

- Eles discutiam constantemente.
- Eles nunca se tocavam.
- Ele era casado com o trabalho.
- Ela não tinha respeito por ele.
- Não acho que eles se amassem realmente.

Moisés escreveu que os pecados dos pais visitam os filhos até a terceira e quarta geração (Êx 20.5). Legados negativos resultam em outros igualmente negativos. Se alguém tem um casamento difícil ou disfuncional, é alta a probabilidade de os seus filhos também enfrentarem problemas no matrimônio. De igual modo, os legados positivos tendem a originar outros igualmente positivos. Quanto melhor o nosso matrimônio, maiores as probabilidades de os nossos filhos terem bons casamentos. É claro que nada disso é uma garantia plena, pois aqueles com maus casamentos podem, com dedicação firme e orações sinceras, superar os seus destinos. E, desafortunadamente, filhos de um bom casamento podem, por egoísmo ou ingenuidade, ter um relacionamento deteriorado.

Os legados são feitos de muitas coisas, mas pelo menos quatro delas começam com a letra M:

Memórias. Todos temos memórias do passado. A vovó Blanche e eu sentamo-nos muitas vezes em sua varanda, enquanto ela partilhava comigo as lembranças de meu avô — histórias de como eles se conheceram e de coisas que fizeram juntos. Agora que a vovó passou para o Senhor, ainda conservo as suas memórias. Ela o recordava como um homem bom e cortês, e com grandes sonhos. Como as pessoas se lembrarão de você quando partir?

Marcos. Em 1632, Shah Jahan desejou deixar um legado de seu amor por sua esposa, que morrera recentemente. Quase quatrocentos anos depois, o alvíssimo Taj Mahal permanece como uma das mais belas construções já erigidas. Que marco de amor! A maioria de nós deixa atrás alguma espécie de marco: uma casa construída juntos, uma joia que ele deu para ela, um acolchoado que ela fez para aquecer a cama de ambos, itens colecionados, presentes de aniversário, ou fotografias que capturam um momento para a posteridade.

Mensagens. "Como eu te amo? Deixa-me contar as maneiras", escreveu Elizabeth Barret Browning ao seu esposo, Robert. De fato, a sua obra prima inteira, *Sonnets from the Portuguise*, é uma coleção de poemas de amor sobre ele. Como todos os casais, vocês têm uma história de como se conheceram, obstáculos que venceram, momentos românticos e experiências compartilhadas. Mark e Diane Button contam a história deles num delicioso livro intitulado *The Letter Box* (A Caixa de Cartas). E eles encorajam os demais casais a escrever a própria história de amor numa carta, e enviá-la aos filhos, para ser aberta somente num tempo futuro — talvez no dia do casamento deles, ou no quinquagésimo aniversário, ou em qualquer ocasião em que precisem saber do amor dos pais. Seja uma carta, uma anotação no diário, um poema, ou uma inscrição num livro, as mensagens que escrevemos hoje podem chegar longe no futuro.

Ministérios. Em todos os Dias de Ação de Graças, Steve e Jan trabalham fazendo sopa, na cidade de Portland. Nas noites de natal, eles distribuem cobertores e biscoitos às pessoas sem teto. Durante os quarenta anos de matrimônio, eles apadrinharam mais de 25 crianças nos países do terceiro mundo, cuidando para que recebessem alimento, moradia, educação e atendimento médico. Em sua igreja local, eles lecionaram a centenas de alunos do jardim de infância, na Escola Dominical. Esse casal deixou um legado ministerial que perdura muito além do que jamais imaginaram.

Então, que espécie de legado vocês deixarão? Vocês podem não ser capazes de alterar o passado, mas podem, certamente, mudar o legado que deixarão daqui para frente. Conversem sobre como gostariam de ser lembrados individualmente e como casal. Um legado positivo é uma dádiva sem preço. Muita gente gostaria de deixar um legado que testemunhasse:

- Você amava a Deus.
- Você fez de seu casamento o melhor possível.
- Você cuidava bem de sua família.
- Você era bom e generoso.
- Você era um amigo verdadeiro.
- Você mantinha a palavra.
- Você encorajava os outros.
- Você tinha uma ótima atitude.
- Você ajudava os necessitados.
- Você vivia verdadeiramente a fé.
- Você perdoava os que o ofendiam.
- Você deixou este mundo um pouco melhor do que o encontrou.

Resumo

Todos precisamos de algo pelo qual esperar. Sem um futuro, ficamos empacados, sem ter aonde ir. Oliver Wendell Holmes escreveu: "A coisa mais importante deste mundo não é tanto o lugar onde nos encontramos, mas para qual direção estamos nos movendo".

Há uma antiga história sobre um homem que estava perdendo a memória. Ele foi ao médico para saber como parar com os esquecimentos.

O médico fez um exame completo e anunciou: "Descobri o problema, porém há uma dificuldade. A fim de recuperar a memória, o senhor terá de perder a visão. Então quero que vá para casa, pense bem a respeito, e converse com a sua esposa. Amanhã o senhor retorna e me diz o que prefere".

Na manhã seguinte, o homem voltou ao consultório:

— Já me decidi. Prefiro perder a memória a perder a visão.

— Por quê?

— É muito mais valioso enxergar aonde estou indo — replicou ele — do que me lembrar de onde estive.

De certo modo, isso é verdade. É muito mais positivo e empreendedor viver à luz do futuro que ficar preso aos eventos do passado. O passado é rígido, e devemos aceitá-lo em seus próprios termos. O futuro é maleável, e temos o poder de dar-lhe inúmeras formas.

Então, ajustem a visão.

Pulem para dentro de seus sonhos.

Trabalhem em suas metas.

Assim fazendo, aproximar-se-ão mais um do outro e deixarão um legado positivo.

Projetos para o Anexo

1. Saiam de carro, visitando alguns de seus locais favoritos. Parem num café e escrevam a sua declaração de propósito. Lembrem-se de fazê-la curta e simples.

2. Cada um pergunte a si mesmo: "Dos sonhos de meu cônjuge, quais são os cinco que conheço? De que modo eu mato e/ou avivo os sonhos de meu cônjuge?" E comprometa-se a avivar os sonhos daqui para frente.

3. Sentem-se e alistem 25 sonhos compartilhados entre vocês como casal. Não os avalie nem critique; simplesmente aliste-os.

4. Separadamente, escrevam cinco metas que gostariam de atingir individualmente no próximo ano. Então escrevam cinco metas que desejam alcançar juntos no ano vindouro. Finalmente, compartilhem as metas individuais.

5. Se vocês morressem hoje, que legado o seu matrimônio deixaria? Discutam o que fazer para deixar um legado positivo através de:

   Memórias
   Marcos
   Mensagens
   Ministérios

12

A FUNDAÇÃO
Projetos Espirituais

A construção da casa de nossos sonhos começou pela fundação. O chão foi limpo e escavado. As sapatas foram lançadas, a estrutura, erguida, e o concreto, despejado. Olhando aquela forma, Tami e eu podíamos ver a planta de nosso novo lar. Aquilo era importante: a casa inteira repousaria firmemente sobre essa base, e seria construída dentro dos limites estabelecidos pela fundação. Contudo, depois de terminada a construção, dificilmente se notaria o alicerce.

De tempos em tempos, entro de gatinhas no estreito espaço sob a nossa casa, a fim de checar a tubulação e os respiradouros, e sempre me surpreendo com o tamanho e a robustez dos muros de concreto que a sustentam. Tenho de estar sempre procurando por rachaduras e vazamentos. Moramos na encosta de uma montanha chamada Spring Mountain, e não foi sem razão que lhe deram este nome (Montanha das Nascentes). Em sua vertente, brotam centenas de pequeninas fontes. As águas correm juntas em pequenas correntes subterrâneas, exercendo pressão em cada alicerce edificado em seu caminho.

A nossa fundação nunca apresentou um vazamento, mas a de nosso vizinho, sim. Há vários anos, durante uma pesada chuva de inverno, a água infiltrou-se pela fundação e inundou-lhe os porões. O casal não ficou nada feliz com os danos causados a sua sala de estar, ao banheiro, e ao closet. Foi uma desordem total. É incrível como uma fundação fraca ou defeituosa pode pôr em risco a integridade de aposentos que parecem estar em ótima forma. Tão logo a chuva parou, o meu vizinho arregaçou as mangas para consertar e fortalecer a sua fundação. Vários anos se passaram desde essa crise, e o alicerce nunca mais apresentou vazamentos. A difícil experiência deles foi para mim um forte lembrete: devo checar regularmente a minha fundação, a fim de evitar quaisquer problemas.

Eu nunca construiria ou compraria uma casa sem fundação, mas conheci um casal que só comprava casas assim. Eles içavam a casa, deitavam o alicerce sob ela e tornavam a baixá-la. Diziam eles que uma casa com uma fundação sólida valia muito mais. Era menos suscetível a cupim ou deterioração, e mais estável e menos propensa a desenvolver manchas. E a fundação aumentava a longevidade da casa.

Uma casa sem fundação não é segura nem confiável. As fundações não costumam ser bonitas ou atrativas; são simplesmente sólidas. É interessante o modo com que Davi se referia a Deus como a sua rocha. Em certa passagem, ele chega a dizer: "O Senhor é a minha rocha, a minha cidadela, o meu libertador" (Sl 18.2). Os descendentes de Corá escreveram no Salmo 46: "Deus é o meu refúgio e fortaleza" (v.1). Uma boa fundação é a nossa rocha. Certa vez ouvi um meteorologista ensinar que, na ocorrência de tufões, as pessoas devem ficar o mais perto possível da fundação da casa. Este é o lugar mais seguro para se estar. Então, certifiquem-se de estar junto à Rocha, e como marido e mulher, lembrem-se de que quanto mais forte a sua intimidade espiritual, mais firme o alicerce do seu matrimônio.

Intimidade Espiritual

Betsy amava a Deus.

Ela crescera num lar cristão e levava a sério a sua fé. Lia a Bíblia regularmente e era uma pessoa genuína e compassiva. Aos

21 anos, Betsy apaixonou-se por Henry e casou-se com ele, apesar de a sua família desaprovar fortemente a união.

Henry era responsável e bondoso; um homem maravilhoso, profundamente comprometido com Betsy. Não obstante, era resistente a qualquer coisa espiritual. Não ia à igreja e nunca entrara em uma. Consequentemente, eles foram casados por um juiz de paz no cartório da cidade, com duas testemunhas, mas sem a presença de qualquer membro de nenhuma das famílias.

Logo no início do casamento, Betsy compreendeu que faltava algo. Ela amava Henry, mas a falta de intimidade espiritual causava-lhe profunda solidão. Depois de 30 anos de casados, Betsy ainda perguntava a cada domingo:

— Gostaria de ir à igreja comigo, esta manhã?

— Não, obrigado — respondia Henry. — Hoje, não.

Betsy sorria e ia para a igreja sozinha. Apesar dessa contrariedade, ela recusava-se a desistir. Todas as manhãs, ela se levantava cedo e fazia um bule de café fresco. Quando Henry vinha para a mesa, ela enchia-lhe uma xícara da bebida fumegante e lia um pequeno devocional em voz alta. E então, propunha: "Henry, se você quisesse ler as Escrituras hoje, eu poderia preparar as panquecas". Henry revirava os olhos e começava a ler. Este foi o padrão do casal, até o dia em que Henry foi parar no hospital e soube que, provavelmente, não viveria mais que um mês.

Henry pôs os braços à volta de Betsy e sussurrou:

— Sinto muito.

— Não é culpa sua — soluçou ela.

— Oh, é sim — afirmou ele. — Você tem sido uma excelente esposa, mas eu nunca aceitei a sua fé. Tenho visto você ir à igreja, ouço o seu devocional matutino, e até leio as passagens da Bíblia que me pede. Ao longo dos anos, tudo isso me foi penetrando a mente, mas eu era teimoso demais para admitir.

Neste ponto, Henry abriu o coração e deixou Jesus entrar. Henry e Betsy oraram juntos pela primeira vez em sua vida matrimonial.

Durante os 12 dias seguintes, o casal conversou mais abertamente, e experimentou uma conexão mais profunda do que em qualquer outro período de seu matrimônio. No momento em que deixava este mundo, Henry segurou a mão de Betsy e pediu:

— Leia o Salmo 23.

Betsy balançou a cabeça afirmativamente.

— O Senhor é o meu Pastor, nada me faltará.

Deitar-me faz em verdes pastos, guia-me mansamente às águas tranquilas. Refrigera a minha alma; guia-me pelas veredas da justiça, por amor do seu nome. Ainda que eu andasse pelo vale da sombra da morte, não temeria mal algum...

Henry apertou a mão de Betsy, e eles olharam-se nos olhos. Um largo sorriso iluminou o rosto dele, enquanto ela prosseguiu:

— Porque tu estás comigo.

Betsy parou de ler, ao sentir afrouxar-se o aperto da mão de Henry. Suas pálpebras cerraram-se e ele se foi.

Betsy amava Henry, mas sempre soube que faltava alguma coisa. Havia noites em que ela chorava sozinha até adormecer, e nas manhãs de domingo, sentava-se só na igreja, com uma solidão que parecia quebrar-lhe o coração. No final, tudo valera a pena, mas ela desejava desesperadamente que tivessem começado mais cedo a sua intimidade espiritual.

O aspecto espiritual é o mais importante e mais influente no ser humano. Em nossa vida conjugal, ele é, indubitavelmente, o único elemento capaz de construir ou quebrar a intimidade. Ele é a fundação de tudo o mais. E se não for sólido, cedo ou tarde, teremos problemas. No final do Sermão do Monte, Jesus exemplificou: "E desceu a chuva, e correram rios, e assopraram ventos, e combateram aquela casa, e não caiu, porque estava edificada sobre a rocha" (Mt 7.25). Se a nossa fundação espiritual for fraca ou instável, toda a nossa vida conjugal corre o risco de desmoronar. Se, ao contrário, estiver edificada sobre a Rocha, fortalece todos os demais aspectos do relacionamento.

Para construirmos um alicerce firme, não devemos concentrar-nos em distrações impertinentes, preocupações temporárias, ou coisas de pequena importância que nos cercam dia a dia. Dirigir o foco para Deus eleva-nos acima do insignificante e dá-nos propósito e profundidade. À medida que o casal se move para perto de Deus, Ele também chega mais perto e, de um modo surpreendente, os cônjuges começam a ficar mais próximos um do outro. Um relacionamento dirigido por Deus possui a força, o amor e a perseverança que faltam à maioria dos casamentos. Conforme dissertou Salomão, o homem mais sábio do mundo: "E, se alguém prevalecer contra um, os dois lhe resistirão; e o cordão de três dobras não se quebra tão depressa" (Ec 4.12).

A meta suprema do casamento é a intimidade espiritual. Qualquer outra coisa reduz o relacionamento à mediocridade. O conforto, o prazer, a compatibilidade e a formosura têm sido o alvo de muitos casais. Não que sejam metas ruins, mas são superficiais, egoístas e impossíveis de se alcançar em bases consistentes. É a intimidade espiritual que dá ao par um propósito eterno e o transporta para além da autoabsorção. Isso confere um incrível senso de alegria e realização. O mais importante, porém, é que isso agrada a Deus.

A intimidade espiritual não é algo abstrato, concebido em outro mundo. É um modo prático, ainda que miraculoso, de permitir que o casamento seja tudo o que Deus desejou que fosse, e desenvolva todo o seu potencial. Conheça 10 razões por que a intimidade espiritual faz uma grande diferença em seu matrimônio.

1. Encoraja dois indivíduos a caminhar com Deus.
2. Realça e fortalece todos os outros aspectos da intimidade.
3. Joga por terra os muros que podem ter se erguido entre o casal.
4. Desafia-os a ser mais semelhantes a Cristo no trato um com o outro e com os que os cercam.
5. Melhora a comunicação entre ambos.
6. Leva o casal a orar com mais frequência.
7. Aprofunda o amor e o respeito mútuo.
8. Ensina o casal a perdoar um ao outro mais rapidamente.
9. Mostra a ambos a alegria e a humildade do servir.
10. Mantêm o casal unido pela vida afora.

Adicionar uma dimensão espiritual ao matrimônio é mais que acreditar em Deus, ou ter uma vida moral, ou ir à igreja regularmente. É escolher, intencionalmente, seguir a Cristo. Quando o Senhor Jesus convidou os discípulos: "Vem e segue-me", cada um deles dispôs-se a fazê-lo. Falando à igreja de Laodiceia, o Senhor declarou: "Eis que estou à porta, e bato; se alguém ouvir a minha voz, e abrir a porta, entrarei em sua casa, e com ele cearei, e ele comigo" (Ap 3.20). Deus é cortês. Ele espera por um convite em sua vida e seu casamento. Havendo-o convidado, vocês poderão segui-Lo, praticando estes passos capazes de mudar a vida:

Passo # 1: Buscar a Deus

Vivemos num mundo sobrenatural e achamo-nos em batalha espiritual. Por mais que desejemos negar, ignorar ou debater este ponto, a sua verdade permanece. Neste mundo louco e um tanto trágico, só faz sentido buscar a Deus. O conselho do rei Davi ao filho Salomão foi: "Se o buscares, será achado de ti" (1 Cr 28.9b). E quando vocês o buscarem, descobrirão coisas que jamais imaginaram. Então, deem-se as mãos e busquem de Deus:

- a presença,
- a sabedoria,
- a orientação,
- a esperança,
- o conforto,
- a proteção.

E isso é apenas o começo. Não entendo como qualquer casamento possa subsistir sem Deus. É como correr cegamente por um labirinto, numa noite escura, sem qualquer iluminação. Mas ao coração buscador, Deus será a luz, e a sua Palavra será o mapa. Um casamento sem Deus apanha os cônjuges num mundo fortuito e egocêntrico, sem esperança de intimidade genuína e duradoura.

Para buscar a Deus, o casal deve abrir os olhos, os ouvidos e todos os sentidos. Deus acha-se à nossa volta, mas raramente reconhecemos-lhe a presença. Todos os dias, Ele deixa-nos ver sua mão e fala conosco. Não obstante, somos como o servo de Elizeu, descrito em 2 Reis. Ele acordou, certa manhã, e descobriu um enorme exército inimigo aproximando-se da cidade. Em pânico, foi a Elizeu, que lhe assegurou: "Não temas, porque mais são os que estão conosco que os que estão com eles". O servo olhou à volta e deve ter pensado que Elizeu não estivesse enxergando, porque a cidade parecia-lhe totalmente indefesa. Foi quando Elizeu orou: "Abra-lhe os olhos para que veja!" (Leia 2 Reis 2.16,17). Dessa vez, ao olhar ao redor, o servo viu um poderoso círculo de cavalos e carros de fogo. Naquele dia, o servo aprendeu que se deve olhar penetrantemente, porque Deus está sempre perto.

Todos os dias, Deus me envia centenas de mensagens — através de pessoas, da criação, das circunstâncias, intuição, emoção, inspiração, imaginação, detalhes, músicas, livros, Escrituras, e uma multidão de outras maneiras que jamais pensei — mas percebo apenas uma pequena fração dessas mensagens. Como o meu casamento poderia ser melhor e mais pleno, se eu tão somente buscasse a Deus com mais disposição e vigilância!

H. G. Wells escreveu uma história intitulada *The Country of the Blind* (A Terra dos Cegos), em que os habitantes de um vale remoto perderam a visão. Com o passar do tempo, todos se esqueceram de que não podiam enxergar, e já não se davam conta do que estavam perdendo. Tropeçar, cambalear e chocar-se contra os objetos passaram a ser um modo de vida normal. Em suas mentes, o que eles não podiam ver simplesmente não existia. Suas vidas tornaram-se limitadas porque eles pararam de buscar e de acreditar num mundo de visão e em tudo o que ele poderia conter.

Buscar a Deus deve ser mais que um exercício ocasional e intelectual. O compositor do Salmo 42 escreveu: "Como a corça suspira pelas correntes das águas, assim suspira a minha alma por ti, ó Deus. A minha alma tem sede de Deus, do Deus vivo" (vv. 1,2a). Buscar verdadeiramente a Deus envolve esta espécie de anelo. É um estado mental, uma disposição das emoções, uma aproximação da vida. Quando o buscamos, queremos ver tudo o que há para ser visto, com todo o brilho, cor e detalhes que, aos nossos sentidos finitos, são impossíveis de se absorver. E então, compreendendo que ainda há mais, e que, com determinação e perseverança, seremos capazes de ver nalgum tempo futuro, ansiamos buscá-lo mais e mais.

Então, juntos, enquanto encorajamos um ao outro a buscar a Deus e descansar nele, veremos o nosso mundo expandir-se de maneira surpreendente. Mas manter segredo sobre assuntos espirituais pode desencorajar a busca de Deus. Conforme Gary Thomas indaga em Sacred Marriage: "Em vez de permitir que o casamento entorpeça a nossa sensibilidade espiritual, não poderíamos usá-lo para despertar-nos a alma de um modo novo e mais profundo?" Empenhemo-nos em cultivar em nosso cônjuge uma fé intensa e vibrante, através de nossa conversação. Falar de nosso desejo de buscar a Deus promove a franqueza necessária para o aprofundamento de nossa intimidade espiritual. À medida que o nosso matrimônio nos leva para mais perto de Deus, ocorre o que está em Provérbios 3.6: "Reconhece-o em todos os teus caminhos, e ele endireitará as tuas veredas.

Passo # 2: Conhecer a Deus

Quanto mais conhecemos a Deus, mais a nossa mente se abre para Ele. Conhecer a Deus permite-nos colocar todas as demais coisas na perspectiva correta — em nosso mundo, nosso casamento, nosso coração. Como escreveram Gary e Betsy Ricucci: "Um casamento magnífico começa não com o conhecer um ao outro, mas o conhecer a Deus". Deus é o centro de todas as coisas e, conforme orava o povo em Jerusalém: "Só tu és Senhor, tu fizeste o céu, o céu dos céus, e todo o seu exército, a terra e tudo quanto nela há, os mares e tudo quanto neles há, e tu os guardas com vida a todos; e o exército dos céus te adora" (Ne 9.6). Conhecer ao Criador do universo é conectar-se com a fonte de todo o conhecimento e sabedoria. Que coisa absolutamente maravilhosa! Quanto mais conheço a Deus, mais aprendo sobre mim mesmo e como amar mais efetivamente a minha esposa.

Deus quer que o conheçamos. O salmista pediu: "Dá-me entendimento" (Sl 119.34). Para conhecer a Deus, devemos começar por estudá-Lo, sendo um aprendiz de cada aspecto de sua pessoa. Um modo de se iniciar é *observando a obra de suas mãos*. Davi cantou que "os céus proclamam a glória de Deus" (Sl 19.1). Enquanto observamos a natureza — o céu noturno, a vida dos animais e das plantas, as montanhas majestosas, as ondas fragorosas do oceano — temos um vislumbre da presença e da personalidade divinas.

Outra maneira de se conhecer a Deus é *considerando os seus caminhos*. Note como Ele trabalha na vida das pessoas. Atente para os seus princípios e em como aplicá-los à própria vida. Ouça das pessoas a história de como Deus as tocou e o que Ele lhes tem ensinado. Muito do que aprendi veio de lições dos outros. Se Deus abençoa certas atitudes, são nelas que devo diligenciar. De igual modo, se determinados caminhos conduzem à angústia ou à desgraça, escolherei uma estrada diferente. Quero que os caminhos de Deus sejam os meus caminhos. Portanto, andarei "nos seus caminhos" (Sl 119.3).

Um dos modos mais poderosos de se conhecer a Deus é *lendo a sua Palavra*. Você pode começar por ler as Escrituras sozinho, e então meditar nelas. Davi confessou: "Em meu leito... em ti medito, durante a vigília da noite" (Sl 63.6). Enquanto lê e medita, encoraje seu cônjuge a fazer o mesmo. E juntos, então, compartilhem o que aprenderam e como a Palavra os desafiou. Façam perguntas e discutam tudo o que lhes chamou a atenção.

Há um incrível poder em se ler juntos as Escrituras, um devocional ou um livro teológico. Todos os meses, Christian e Alaina leem, um para o outro, um livro de conteúdo cristão. Eles se aconchegam no sofá, no final do dia, e revezam-se na leitura. Num mês eles leram o Evangelho de João; no outro, *Cristianismo Puro e Simples*, de C. S. Lewis. No mês passado, leram *Heaven*, de Randy Alcorn. Ambos me confidenciaram que esse período de leitura é o momento áureo do seu dia. Agarrar-nos com as verdades eternas impulsiona-nos para o céu e edifica a nossa intimidade espiritual. Contudo, uma das dificuldades de se ler juntos é encontrar tempo de qualidade, que seja constante e livre de distrações. Conhecer a Deus requer concentração, estudo e meditação. Nada disso é fácil, mas fazê-lo em conjunto ajuda a unir os corações do casal e a fundir ambos em um só.

Conhecer a Deus envolve, ainda, a exploração de seu caráter. O Senhor convida-nos a conhecê-Lo, embora seja Ele uma fonte inesgotável. Há muita coisa, sobre Deus, além de nossa compreensão. Nunca o conheceremos plenamente, porque, como poderia uma mente finita alcançar um Deus infinito? Não obstante, Ele concede-nos milhões de vislumbres de si mesmo, através de sua criação, seus caminhos e sua Palavra. Algumas das características a serem exploradas são:

- Deus está em toda parte.
- Deus conhece todas as coisas.
- Deus é Sábio.
- Deus é Todo-Poderoso.
- Deus criou todas as coisas.
- Deus é luz.
- Deus é ilimitado.
- Deus não tem princípio nem fim.
- Deus tem total controle sobre todas as coisas.
- Deus é absolutamente bom e perfeito.
- Deus interessa-se intimamente por cada indivíduo.
- Deus deseja o melhor para as pessoas.
- Deus é o Juiz totalmente Santo.
- Deus está disposto a perdoar qualquer coisa.
- Deus é amor.
- Deus é Formoso e Digno de louvor.

Quanto mais conhecemos a Deus, mais o amamos, respeitamos e desejamos segui-Lo, individualmente e como casal.

Passo # 3: Comunicar-se com Deus

A oração conecta-nos a Deus. Se desejamos buscá-Lo e conhecê-Lo, isso só será possível se nos comunicarmos com Ele. Muitos especialistas em relacionamentos diriam que a comunicação regular e saudável é essencial para duas pessoas tornarem-se mais unidas. Assim como isso é verdade em se tratando de gente, é verdade também em nosso relacionamento com Deus. Se formos negligentes no falar com Ele e no ouvi-Lo, a nossa espiritualidade murcha e morre. A oração fornece-nos nutrição e força espirituais. Sem oração, desconectamo-nos de Deus, e o nosso viver já não é diferente do daqueles que lhe negam a existência.

A oração arremessa-nos a um mundo além do ordinário, um mundo de surpresas e milagres, onde, diariamente, temos acesso à força, sabedoria, orientação, proteção e conforto sobrenaturais. Conforme disse Paulo: "Em tudo, porém, sejam conhecidas diante de Deus as vossas orações" (Fp 4.6). E: "Orai sem cessar" (1 Ts 5.17). Que coisa maravilhosa é a oração. Certo autor assim a definiu: "A oração é a chave que abre cada manhã e o ferrolho que fecha cada noite". Outro expressou: "A oração é a bainha que guarda os nossos dias dos desenlaces". No entanto, a oração só é algo maravilhoso quando a usamos em nosso relacionamento com Deus. Dentro deste contexto, ela é um dos aspectos vitais da intimidade espiritual, porque o seu poder é duplo: orar *com* o nosso cônjuge e orar *por* nosso cônjuge.

Orar juntos é mais que um prelúdio para a refeição ou último recurso para os tempos de crise; é uma mensagem de amor a Deus e de um ao outro. Muitas pessoas confirmariam o poder da oração. Contudo, esta forte crença não parece levar a um comportamento igualmente forte. Poucos de nós oram tanto quanto achamos que deveríamos, e menos ainda oram com o cônjuge. Em *Two Hearts Praying as One* (Dois corações orando como se fossem um), Dennis e Barbara Rainey insistem: "Orar juntos pode ser a única e mais importante disciplina que você e seu cônjuge já partilharam".

Orar juntos pode ser assustador e ao mesmo tempo emocionante, se feito com profundidade e sinceridade. A maioria de nós acha fácil orar com qualquer outra pessoa, que não o cônjuge. Isso, talvez, seja porque o nosso cônjuge sabe o quão frequentemente falhamos em viver de acordo com as nossas palavras e boas intenções. Conforme admitiu certo marido: "Ela tem evidências demais contra mim". Expor a nossa alma, com todas as nossas imperfeições, hipocrisias e paradoxos, é humilhante e embaraçoso.

Convidar o cônjuge a estar conosco em nossa conversa particular com o Senhor aumenta a nossa vulnerabilidade. Derramar o nosso coração na presença de Deus é uma experiência íntima, livre de orgulho e pretensão, que deixa ambos nus perante um Deus santo e amoroso. Não estou falando de mencionar em voz alta uma lista de coisas que desejamos que Deus faça. Estou falando de louvá-Lo, confessar-lhe as nossas falhas e submeter-lhe a nossa vontade. É uma experiência incrivelmente libertadora quando, juntos, buscamos a Deus através da oração. Ela nos mostra que podemos ser verdadeiros, e ainda assim, amados. Ela conduz o casal a um relacionamento ainda mais maravilhoso, de maior confiança e transparência. Uma vez rompido os temores, e orado um com o outro, surgirá entre o casal a mais profunda forma de intimidade.

Se você se importa com o seu cônjuge e seu casamento, orará por ele todos os dias. Algo o impulsionará para mais perto dele, enquanto você ora. Seus pensamentos e emoções tornam-se mais centrados no bem-estar dele. E algo impulsiona também o seu cônjuge para mais perto de você, quando ele sabe que você está orando. Isso provê um elo espiritual que não se quebra facilmente. Como escreveu Ruth Bell Graham: "Eu duvido seriamente de que haveria tantos divórcios entre os casais cristãos, se os cônjuges separassem tempo para ajoelhar-se uma vez ao dia e orar um pelo outro".

A oração é a melhor proteção que alguém pode obter para o casamento. Ela reforça a intimidade espiritual como nada mais o faz. Por isso, diariamente, ore a respeito destas nove áreas:

1. *Por si mesmo*: Ore para que você seja o melhor esposo (ou esposa) possível, em palavras, atos e comportamento.
2. *Seu casamento*: Ore para que ambos encontrem e mantenham uma unidade que os aproxime cada vez mais.
3. *Segurança*: Ore pela proteção de seu cônjuge contra qualquer coisa que possa trazer dano físico, psicológico ou financeiro.
4. *Saúde*: Ore para que o corpo de seu cônjuge seja livre de enfermidades e de qualquer coisa que possa minar a qualidade de vida.
5. *Estresse*: Ore para que o seu cônjuge seja capaz de relaxar e encontrar contentamento em todas as atividades.
6. *Tentações*: Ore para que o seu cônjuge vença as tentações de um modo que o faça mais forte, humilde, amoroso e dependente de Deus.
7. *Medo*: Ore para que os temores não paralisem nem comprometam o seu cônjuge, mas o conduzam a uma fé mais profunda, que lhe traga paz e coragem.
8. *Sonhos*: Ore para que os sonhos de seu cônjuge se concretizem de um modo que lhes enriqueça a vida e glorifique a Deus.

9. *Fé*: Ore para que a caminhada de seu cônjuge com Deus torne-se cada vez mais forte e ele experimente a alegria de segui-Lo.

Deixe que suas orações por seu cônjuge transformem-se numa rotina de seu dia, tanto quanto o é uma refeição ou o acender uma lâmpada. Assim fazendo, a sua intimidade espiritual desabrochará em algo verdadeiramente belo.

Passo # 4: Abraçar a Deus

Finalmente, aproximar-se de Deus significa abraçá-Lo individualmente e como casal. Isso implica em colocar-lhe nas mãos tudo o que vocês são, e convidá-Lo a estar em cada recanto e cada fenda de seu relacionamento — finanças, conflitos, desapontamentos, obsessões, sonhos, tudo. Abraçar a Deus é fazê-Lo a mais alta prioridade em sua vida. Isso assenta a fundação de sua intimidade espiritual. Com Deus nesta posição principal, todas as coisas são submetidas à sua vontade. O seu matrimônio ficará, então, firmemente em segundo plano. Paulo recomenda aos maridos amar suas esposas como amam ao próprio corpo. O modo mais rápido de se destruir o casamento é negligenciando estes dois princípios: Deus deve ser o primeiro; seu casamento, o segundo. Tudo o mais — emprego, segurança, *hobby*, amigos, aparência, posses e, sim, até os filhos — devem estar abaixo desses dois.

Vivemos numa cultura que grita: "Tudo para mim". Seguir essa filosofia fará com que a nossa fundação se desintegre e o nosso matrimônio chegue ao colapso. Como dita o antigo catecismo: "A principal finalidade do homem é glorificar a Deus e deleitar-se nele para sempre". À medida que fazemos isto individualmente e em nosso casamento, descobrimos que todas as nossas necessidades são atendidas. Encontramos uma alegria que jamais conheceríamos separados de Deus. Há muitas maneiras de se elevar acima do egoísmo e abraçar a Deus. Dentre elas, destacam-se: amá-Lo, agradecê-Lo e honrá-Lo.

As pessoas mais notáveis das Escrituras encorajam-nos a amar a Deus. Moisés ordenou: "Escolhe, pois, a vida, para que vivas, tu e a tua descendência, amando ao Senhor teu Deus, dando ouvidos à sua voz, e achegando-te a ele; pois ele é a tua vida" (Dt 30.20). Davi expressou a mesma coisa de modo mais emotivo: "Eu te amarei, ó Senhor!" (Sl 18.1) E Jesus pôs tudo em perspectiva correta, ao mandar: "Amarás o Senhor teu Deus de todo o teu coração, e de toda a tua alma, e de todo o teu pensamento. Este é o primeiro e o grande mandamento" (Mt 22.37,38). Abraçar a Deus, genuinamente, é algo que vem de nosso amor a Ele. Da mesma forma que, calorosa, apaixonada e sinceramente abraçamos ao nosso cônjuge, abracemos também a Deus.

O amor não é inativo. Se amamos a Deus, dizemos-lhe isso e lho mostramos. Incluímo-Lo em nossos pensamentos e planos, almejamos estar com Ele e dEle falamos. O mesmo é verdade quando se trata de nosso cônjuge. Se o amamos, fazemos certas coisas. Nalgumas ocasiões, o nosso amor é uma escolha (como nas palavras de Moisés), em outras, é uma emoção (como externou Davi), e noutras, demanda todo o nosso ser (como explicou Jesus). Seja como for que o demonstrem, o amor de ambos os cônjuges a Deus torna mais próximos os seus corações, as suas almas e mentes. Quanto mais aprendemos a amar a Deus, mais somos capazes de expressar, um ao outro, o nosso amor. Se Deus é amor, que outra fonte melhor teríamos, onde poderíamos conseguir mais amor para devolver-lhe e para oferecer ao nosso cônjuge?

Quando amamos alguém, somos-lhe gratos e o fazemos sentir-se apreciado. Deus fez tanto por nós: criou-nos, amou-nos e uniu-nos. Parte de abraçar a Deus é mostrar-lhe a nossa gratidão. Davi bradou: "Senhor, meu Deus, eu te louvarei para sempre!" (Sl 30.12). Todos os dias agradeço a Deus por seu amor, paciência, criação, graça, orientação, milagres, feitos poderosos, proteção, paz, alegria e muito mais.

Quando o casal agradece a Deus junto, sua consciência é despertada para tudo o que é positivo à sua volta. Não há nada tão positivo quanto um coração agradecido. A gratidão que ambos expressam em direção ao céu logo transborda de um para o outro. Uma atitude positiva e apreciativa de um para com o outro aprofunda o amor e fortalece a intimidade em todas as 12 áreas apresentadas neste livro.

Além de amar e agradecer a Deus, nós o honramos dando-lhe do nosso tempo, atenção, habilidades e dons. A generosidade revela honra a Deus. Quando o casal oferta a Deus, junto, experimenta uma incrível conexão como marido e mulher. Doar a Deus e aos outros, como casal, cria um senso de unidade e trabalho em equipe. A generosidade suscita alegria em quem dá e em quem recebe. À medida que damos a Deus, aprendemos a doar-nos mais graciosa, espontânea e intimamente um ao outro.

Honrar a Deus através de nossa oferta em conjunto prepara-nos, ainda, para receber juntos as suas bênçãos. Quando outorgamos a Deus, Ele promete abrir-nos as janelas do céu, e derramar sobre nós uma benção tal, até que não haja lugar suficiente para a recolhermos (Ml 3.10). Dando a Deus e aos outros, aprendemos o princípio do retorno: quanto mais damos, mais o receptor deseja dar-nos de volta. Por conseguinte, quando honramos a Deus através de nossa doação, encontramos bênçãos que aprofundam o nosso relacionamento e fortalecem-nos a intimidade.

Passo # 5: Servir a Deus

Para abraçar a Deus, devemos ser seus servos. Precisamos estar dispostos a fazer as coisas do seu modo e a submetermo-nos a Ele. Servir a Deus nem sempre é fácil ou conveniente, e podemos inventar todo tipo de razões pelas quais não poderíamos fazê-lo. Contudo, se levamos a sério a nossa vida espiritual, as desculpas são somente desculpas. A fim de que a nossa vida espiritual seja ativa e vibrante, o nosso comportamento deve condizer com ela. Foi o que esclareceu Tiago: "A fé, se não tiver as obras, é morta em si mesma" (Tg 2.17). Jesus exemplificou ao mundo como servir aos outros, e recordou-nos que os primeiros deverão vir em último lugar, e os últimos, em primeiro. Todos devemos ser servos. Podemos fazer isso de três formas: servindo a Deus juntos, servindo um ao outro, e servindo aos demais. Falando ao povo em Siquém, Josué declarou: "Eu e a minha casa serviremos ao Senhor" (Js 24.15). Servir a Deus lado a lado é submeter-se à sua vontade e ao seu modo de ser. É a rendição do finito ao infinito. É um casal dando-se a si mesmo ao Criador, para que Ele possa conduzi-los ao seu potencial máximo. Servir a Deus implica em pôr de lado a nossa agenda e prioridades. Para fazê-lo, precisamos confiar que o modo de Deus é o melhor. Somente quando nos submetermos inteiramente a Deus é que o nosso serviço poderá ser genuíno, as nossas vidas, satisfatórias e o nosso casamento, eternamente significativo.

Tudo o que fizermos poderá servir a Deus, se o fizermos com a atitude correta. Muitos dos pintores e compositores da renascença escreviam em suas obras: "Para a glória de Deus". O servir é uma atitude. Fazer as coisas juntos para a glória e o deleite de Deus é um maravilhoso ato de serviço — seja ensinar juntos na Escola Dominical, escrever juntos um livro, plantar juntos um jardim, ou, juntos, dar as boas-vindas a um novo vizinho.

Outra bela maneira de servir a Deus é sendo um servo ao seu cônjuge. Em sua forma mais pura, o serviço é o amor em ação. Ele envolve dar, ajudar, sacrificar e, temporariamente, pôr de lado os próprios desejos para realizar os do cônjuge. Em vez de competirmos para fazer as coisas do nosso modo, busquemos fazer do modo dele. Conheça as necessidades de seu cônjuge e faça todo o possível para preenchê-las. Se ele precisa de um copo d'água, ou uma pausa na trabalheira com as crianças, ou uma massagem nas costas, providencie-o.

Lisa é a mãe, sempre cansada, de três crianças especiais. Recentemente, ela desenvolveu alguns problemas de saúde e, para piorar, o seu pai faleceu. Lisa achava-se à beira de um colapso nervoso. Seu esposo ficou-lhe ao lado, assistindo, encorajando e confortando-a. Mas Lisa carecia de algo mais. Então, ele preparou-lhe uma surpresa — algo com que ela sempre sonhara. Combinou com os seus pais para tomarem conta das crianças, e levou-a para um cruzeiro de sete dias pelo mar das Caraíbas. Concordemos: isso é que é servir!

Jesus afirmou que amar a Deus é o maior dos mandamentos, e também acrescentou que "o segundo, semelhante a este, é: amarás o teu próximo como a ti mesmo" (Mt 22.37). Amar ao próximo significa, ativamente, estender a mão para servir a toda e qualquer pessoa — mesmo as mais difíceis, e que nos fazem sentir desconfortáveis. Em toda a Escritura, Deus nos diz que temos uma obrigação para com os enfermos, os necessitados, e qualquer um menos afortunado que nós. Tiago assevera que parte da verdadeira religião é atender aos órfãos e viúvas em suas tribulações (Tg 1.27).

Juntos, descubram um modo de servir aos outros em sua comunidade. Conheço um casal que presta serviço voluntário em uma escola local. Outro serve refeições num abrigo para os sem teto, nos dias de ações de graças e de natal. E outro leva alimento aos inválidos, serve de babá a filhos de mães solteiras, e lê para deficientes visuais. Todas essas atividades podem ser feitas individualmente, mas, em dupla, elas são mais poderosas para cada um dos cônjuges e para aqueles a quem estão servindo. Como casal, vocês podem ir além de sua comunidade e servir de modo mais amplo. Juntos, podem patrocinar uma criança, através de uma organização internacional, construir uma casa para o *Habitat for Humanity* [programa de construção de moradias para necessitados], passar uma semana trabalhando num orfanato, ou envolver-se numa das centenas de oportunidades de ajudar aos outros, que existem mundo afora.

Passo # 6: Refletir Deus

Se, sinceramente, buscarmos e servirmos a Deus, com o tempo começaremos a refletir-lhe a bondade e o caráter. Seremos vistos como um casal positivo, bondoso e compassivo. Quando Moisés despendeu tempo face a face com Deus, no monte Sinai, o seu rosto ficou tão brilhante, que o povo não mais podia olhar para ele. Quanto mais tempo passarmos com Deus, e quanto mais perto dele chegarmos, mais nos pareceremos com Ele. Portanto, que tudo o que vocês façam e digam reflita a pessoa de Deus. Como recomendou Paulo: "Sede, pois, imitadores de Deus" (Ef 5.1), e "não nos cansemos de fazer o bem" (Gl 6.9).

Refletir a Deus é ter uma vida que resplandece com as virtudes dEle. O apóstolo Paulo alistou nove virtudes, conhecidas como "o fruto do Espírito". Como você pode refletir a Deus?

- Mostre amor, quando aqueles à sua volta não são amáveis.
- Tenha alegria, quando os que o cercam acham-se desencorajados e descontentes.

- Exale paz, quando aqueles ao seu redor estão ansiosos.
- Pratique a paciência, quando aqueles à sua volta estão apressados e furiosos.
- Demonstre bondade, quando as pessoas ao seu redor são difíceis.
- Faça resplandecer a benignidade, quando os que o cercam praticam a maldade.
- Permaneça fiel, quando aqueles à sua volta não são compromissados.
- Emane gentileza, quando aqueles ao seu redor são duros e cruéis.
- Revele autocontrole, quando os que o cercam não o possuem.

Cada uma dessas coisas é uma escolha — escolha que não podemos fazer sem a ajuda de Deus. Estamos todos arruinados, e sem o toque curador de Deus, fracassaremos. Com a orientação e a força divinas, porém, todas as coisas são-nos possíveis. Logo, enquanto refletimos essas nove virtudes um ao outro e àqueles com quem entramos em contato, a nossa intimidade espiritual se fortalece, e o nosso casamento floresce em mil formas de amor e beleza.

Resumo

O casamento é um teste à nossa fé. É um fogo refinador que tanto nos aproxima de Deus como nos empurra para longe dEle. A única maneira de termos um matrimônio realmente bem-sucedido é confiando e submetendo-nos a Deus.

Vivemos em um mundo que busca diversão, entretenimento, coisas, conforto e facilidades. No entanto, logo descobrimos, à semelhança de Salomão, que nada disso satisfaz por muito tempo. Jesus garantiu que pode dar-nos uma vida plena e abundante. E Ele também veio para dar-nos um casamento igualmente pleno e abundante. A única forma de conseguirmos isso é tendo uma fundação de intimidade espiritual, e construindo tudo o mais sobre a Rocha firme. Como indagou Gary Thomas em *Sacred Marriage*:

"E se Deus estiver mais preocupado em fazer-nos santo que em fazer-nos felizes?" Se você busca a felicidade, será deixado sem nada. Mas se busca a santidade, encontrará finalmente a felicidade e tudo o que necessita.

Projetos para a Fundação

1. Cada um dos dois aliste três formas de encorajar espiritualmente o outro.

2. Partilhem entre si os versículos e passagens favoritos das Escrituras.

3. Vão a uma livraria e encontrem um livro evangélico que seja interessante a ambos. Comprometam-se, então, a lê-lo juntos ao menos duas vezes por semana.

4. Durante uma semana, orem um pelo outro todos os dias, acerca das 10 áreas mencionadas neste capítulo.

5. Discutam seis maneiras de servirem a Deus juntos, servindo as pessoas de sua comunidade. Escolham ao menos uma delas, e comprometam-se a pô-la em prática no próximo mês.

13

MANTENDO TUDO EM ORDEM

"A força de uma nação está nos lares de seu povo."

—ABRAHAM LINCOLN

Os homens são loucos por garagens.

É para onde eles escapam, e onde soldam e consertam coisas. É onde tentam manter tudo em ordem. É uma espécie de sala de controle da casa. Na maioria das garagens, há uma banca de trabalho e um lugar para guardar as ferramentas. Alguns têm um monte delas; outros, apenas algumas. Meus bons amigos Dan e Roy possuem ferramentas para todas as coisas. Eu tenho apenas as básicas — martelo, serrote, braçadeira, chaves de fenda, alicate, chave inglesa e uma furadeira. Logo depois que nos mudamos para esta casa, o meu pai veio aqui e aconselhou: "Steve, você precisa de uma banca de trabalho". E assim, nos próximos finais de semana, ele ajudou-me a construir uma e a pendurar as ferramentas num quadro de ganchos. Ficou ótimo.

É surpreendente a quantidade de ferramentas de que precisamos para manter a casa em ordem. Há vários meses, meus meninos quebraram uma porta. Fui à garagem e consegui as ferramentas necessárias para repará-la. Quanto mais tempo tenho de casado, mais aprendo a consertar coisas em casa. A cada ano aumento a minha coleção de ferramentas, e a cada ano aprendo a consertar uma nova coisa.

Entretanto, de vez em quando empaco: ou não possuo a ferramenta adequada, ou não sei exatamente o que fazer. Sendo homem, confesso que me é difícil pedir ajuda; mas aprendi que se não o fizer, cometerei um dos seguintes erros:

- Vou me esquivar do problema.
- Tornarei pior o problema.
- Gastarei mais tempo do que deveria na solução do problema.

Consequentemente, terei de chamar um amigo para ajudar. Às vezes, peço-lhes que me emprestem suas ferramentas. Meus amigos riem das ferramentas que tenho e perguntam: "Quando é que você vai arranjar umas ferramentas boas, próprias para serviços pesados?"

Dan possui todas as ferramentas que já inventaram, e ele é capaz de consertar quase tudo. Então, quando vem me ajudar, traz consigo os próprios instrumentos. "Se você tem um trabalho a fazer", comenta ele, "deve fazê-lo direito". O que ele quer realmente dizer é que se deve ter as ferramentas certas, e eu não as possuo. Quando isso acontece, sei que preciso de amigos como Dan.

Outras vezes, peço emprestada a habilidade de um amigo. Ontem à noite, o aquecedor de água parou de funcionar, e eu chamei Roy. Antes que o dia chegasse ao fim, ele tinha me ajudado a encontrar um novo aquecedor e a instalá-lo. Eu não teria conseguido sozinho, mas com a ajuda de Roy, tudo ficou perfeito. Sou suficientemente honesto comigo, para saber quais são os meus pontos fortes e os fracos. Quando topo com uma de minhas inabilidades, chamo um amigo experiente.

Às vezes, posso fazer um reparo sozinho; noutras, sou capaz de fazê-lo com a ajuda de um amigo. Mas há ocasiões em que preciso chamar um perito para realizar o trabalho. No inverno passado, chamei uma companhia especialista em reparos de calefação para consertar o sistema de aquecimento. Estava um frio de congelar, o calefator estava quebrado, e Tami achava que um pouco de calor seria agradável.

Eu não sei como consertar um calefator, e meus amigos também não. Não sabíamos nem por onde começar, então procurei um perito. Dentro de poucos dias, o técnico o consertou, e a nossa casa voltou a ficar quentinha e aconchegante.

Todo casamento precisa de algum serviço periódico, a fim de manter-se saudável. Alguns desses trabalhos podemos fazer sozinhos; para outros, carecemos de alguma assistência — amigos saudáveis, um conselheiro matrimonial, um seminário, um bom livro ou qualquer outra coisa que possa fornecer-nos ferramentas melhores. E existem aquelas ocasiões em que precisamos chamar um perito, porque a situação está simplesmente fora de nossa alçada. Isso é difícil para alguns homens. Entendamos, todavia, que pedir ajuda não significa ser menos homem, nem haver falhado, nem ser incompetente. Significa, antes, que sabemos estar com problemas no relacionamento, que somos inteligentes o suficiente para reconhecer que esses problemas estão além de nosso alcance, e que temos a coragem de fazer algo a respeito. Esposas, por favor, compreendam que buscar ajuda profissional é muito difícil para os maridos. Eles têm de engolir o orgulho e admitir que não conseguem consertar o que está estragado. Ir a um especialista — pastor, conselheiro, ou psicólogo — é um enorme passo para fora de sua zona de conforto.

O Equipamento Adequado

Uma garagem guarda mais do que simples ferramentas; guarda equipamentos que mantém a casa inteira funcionando suavemente. São eles:

- O calefator para manter o casal confortável.
- O aquecedor de água para mantê-los limpos.
- O relógio da eletricidade para mantê-los energizados.
- O sistema de segurança para mantê-los a salvo.

Esses equipamentos ajudam a nossa casa a conservar-se saudável. De certa maneira, eles afetam cada cômodo de que já tratamos. O casamento precisa de estratégias para lidar com cada um desses assuntos.

Estratégias para o Calefator

Todo casamento atravessa estações em que as coisas esquentam ou esfriam. Precisamos de um jeito de impedir que o calor se transforme em ira ou frustração, e o frio se torne falta de amor ou ambivalência. Um bom calefator regulará a temperatura, deixando confortável cada ambiente da casa. Os problemas podem surgir em qualquer cômodo. O calor ou frio podem começar em um aposento e logo atingir todos os outros. Precisamos de um bom sistema de calefação para saber quando aumentar o calor e quando diminuí-lo. E também carecemos de bons ductos que fluam igualmente para os vários ambientes. Corredores quentes e closets gelados logo prejudicam a temperatura do quarto, da cozinha e de tudo o mais.

Achar a temperatura certa para ambos pode ser um desafio ao casal. Ele pode sentir-se mais confortável quando está bem frio, e ela pode preferir um pouco mais de calor. Não obstante, quanto mais ambos se comunicam, trabalham na solução do problema, e fazem concessões quanto ao que é confortável, mais se aproximam do ponto perfeito, onde os dois poderão relaxar. É onde ambos sentem-se bem com o relacionamento. Veja aqui algumas estratégias de calefação para ajudá-los a aproximar-se mais um do outro:

- Avaliem o seu conforto e satisfação com cada cômodo.
- Cada um ouça seriamente a avaliação que o outro faz de cada cômodo.
- Se nenhum dos dois está satisfeito disponham-se a fazer algumas mudanças.
- Continuem a fazer mudanças criativas e de comum acordo, até que ambos sintam-se bem com cada espaço do relacionamento.
- Agradeçam a Deus pelo contentamento, mas cuidem para não tomá-lo como fato consumado.

Estratégias para o Aquecedor de Água

Todos fazemos ou dizemos coisas tolas, que podem magoar o cônjuge. Isso acontece por causa de nossa imaturidade ou egoísmo, acidentalmente ou de propósito. Se nunca pudéssemos ser perdoados por erros, pecados e falhas relacionadas ao cônjuge, todo casamento estaria condenado. A essência da fé cristã é o perdão e o oferecimento de uma segunda oportunidade. Os matrimônios precisam disso, provavelmente, mais que qualquer outro relacionamento humano.

Toda casa tem alguma combinação de chuveiro, pia e banheira alimentados por um aquecedor de água que nos ajuda a ficar limpos, lavando a sujeira, os odores e outras coisas indesejáveis. No casamento, precisamos de uma lavagem periódica, a fim de recomeçar de uma nova maneira. Se nos apegarmos à nossa sujeira, estaremos encrencados. Se o nosso cônjuge não nos permitir livrar-nos de nossa sujidade, o nosso casamento estará com problemas.

O perdão é como um banho quente, e muitos de nós precisamos de um desses ao menos uma vez ao dia. Veja algumas estratégias para o aquecedor de água, a fim de manter ambos limpos.

- Peça perdão rápida e sinceramente.
- Mostre ao cônjuge que você está realmente arrependido e desenvolva um plano para que não aconteça de novo.
- Perdoe o outro rápida e sinceramente.
- Desenvolva um meio de prestar contas, se o padrão negativo persistir.
- Deixe o passado atrás, para que não contamine o futuro.

Estratégias para o Relógio da Eletricidade

Certas coisas trazem força ao relacionamento, e outras o extinguem. Para alguns casais, coisas como férias, elogios, fazer amor, presentes, diversão e comunicação dão energia ao casamento. Quando a energia está ligada, os cônjuges sentem-se otimistas consigo mesmos, um com o outro e com o matrimônio em geral.

Eles sorriem, brilham e até gargalham. Mas quando a energia se vai, tudo fica escuro. Eles tornam-se confusos, irados, ou assustados e tudo o que era positivo no relacionamento desaparece.

Sem um relógio de eletricidade, não há força. A maioria desses aparelhos tem vários circuitos que controlam o fluxo da energia para cada aposento. As luzes de um cômodo podem apagar-se, enquanto o restante da casa permanece iluminado. Se há cortes contínuos de energia num aposento, talvez o circuito esteja sobrecarregado e seja necessário instalar um adicional. Quanto mais circuitos, mais força. Quando uma casa começa a perder a força, procuramos descobrir o que foi desligado ou o que precisa de expansão. Se não cuidarmos do relógio da eletricidade, a nossa casa acabará sem força, ou incendiada. Portanto, atenção para estas estratégias do relógio da eletricidade:

- Saibam o que dá força ao seu casamento em cada área.
- Perguntem um ao outro o que drena a energia de seu relacionamento.
- Aumentem a energização e diminuam a drenagem.
- Celebrem o que traz energia.
- Fiquem atentos aos escoadouros de energia e bloqueiem-nos tão logo sejam detectados.

Estratégias para o Sistema de Segurança

Seu casamento está sob ataque. Todos os anos, milhares de casamentos se acabam — casamentos que poderiam ser salvos. Alguns dos perigos potenciais são internos, como expectativas irreais, ira abusiva e preguiça. Outras ameaças são externas, como vícios, estresse financeiro, e tentações sexuais. A maioria destes riscos possui sinais de advertência, mas muitos não lhes dão atenção, ou não os enxergam até que seja tarde demais.

Uma das formas de proteger a nossa casa é instalar um sistema de segurança. Ele pode ser um mecanismo simples, que nos certifique de que as portas e janelas estão fechadas, ou lâmpadas do lado de fora, ou mesmo um cachorro bravo. Ou pode ser um sistema de alta tecnologia, com sensores, detectores de movimento, associados a câmeras e porteiro eletrônico. É triste termos de proteger nosso lar de assaltantes e intrusos, mas, infelizmente, é como as coisas são. Ignorar esses perigos seria expor-nos ao roubo, ataques físicos e danificação de nossa moradia. Um bom sistema de segurança para o casamento deve abranger o seguinte:

- Certifiquem-se de que o seu relacionamento é tão forte quanto possível em cada compartimento.
- Conversem sobre possíveis ameaças ao seu matrimônio, como relacionamentos inadequados, tentações sexuais, tendências a vícios, amigos de moral duvidosa, tédio e distração das prioridades.
- Evitem qualquer coisa que possa agredir o seu relacionamento.
- Reconheçam e tratem cada ameaça potencial, ainda quando pareçam pequenas e insignificantes.
- Tenham alguém a quem prestar contas regularmente, como um conselheiro matrimonial ou um pastor, a fim de assegurar-se de que estão protegendo adequadamente o casamento.

Ter estes quatro sistemas funcionando em boa ordem é de grande ajuda para a vida conjugal. Quando o relacionamento de um casal é confortável, limpo, energizado e seguro, melhora cada vez mais. Agora, não se obtém um casamento forte sem muita atenção e muito trabalho.

Projetos Constantes

Nenhuma casa é perfeita.

Toda casa precisa de alguma melhoria. Não importa o quão duramente eu trabalhe na minha, há sempre o que fazer.

- O pátio precisa ser vedado.
- O lustre do hall de entrada precisa ser espanado.
- O carpete da sala de estar precisa ser limpo.

- Uma das portas do closet precisa ser consertada.
- O teto do banheiro precisa de uma nova mão de tinta.

A lista nunca é completada. Mas não me interprete mal: eu gosto imensamente da minha casa. Ela é muito bem conservada, e Tami fez um trabalho fantástico na decoração. Compreendo, porém, que as complicações podem surgir de um momento para o outro. Pode haver problemas escondidos, dos quais eu não tenha consciência até o seu repentino surgimento. Na semana passada, a minha filha correu para mim, gritando: "Papai, tem sete abelhas na cozinha, e eu não sei como entraram lá!" Apressei-me em seu socorro, capturei as abelhas, soltei-as do lado de fora, e fiquei olhando. Elas voaram até a altura do telhado, diretamente acima da cozinha, e enfiaram-se por uma minúscula fenda. De repente, eu tinha mais uma tarefa adicionada à minha lista: *livrar-me de um ninho de abelhas e vedar a rachadura no teto.*

O mesmo acontece a todo casamento. Alguém pensaria que, sendo psicólogo, realizando seminários sobre vida matrimonial, e escrevendo livros que tratam de relacionamentos, eu não teria nenhum problema nesta área. Todavia, enfrento as mesmas lutas que você. Meu casamento não é perfeito — pergunte a Tami. Contudo, trabalho em prol disso todos os dias. Estou constantemente me esforçando para ser um marido melhor, e Tami, empenhando-se para ser uma melhor esposa. Em verdade, neste exato momento, estou escrevendo estas palavras numa praia do Havaí, porque Tami surpreendeu-me com uma viagem, como presente de aniversário. Cheguei tarde, há algumas noites, e ela esperava-me com um brilho nos olhos: "Acho melhor você fazer as malas. Vamos tomar um avião para o Havaí, amanhã cedo, às 7:15.

Fiquei atordoado!

Mas esta é apenas uma das muitas maneiras de ela mostrar-me que me ama. Tami sabe que se trabalhar constantemente no casamento, ele ficará cada vez melhor. A nossa casa e o nosso matrimônio são muito melhores hoje do que há dez anos. E oro para que sejam ainda melhores daqui a mais dez anos.

Como terapeuta matrimonial, e havendo trabalhado com milhares de casais, insto com vocês a que façam uma avaliação de seu casamento, e juntos decidam o que precisa ser reparado, remodelado, ou limpo. Sobre alguns itens, vocês dois concordarão facilmente. Mas sobre outros compartimentos, poderão discordar. Um dos cônjuges pode achar que tudo está bem, mas o outro pode querer mudanças. Eu recomendaria o seguinte: se um dos dois sente que uma mudança se faz necessária, então deve haver uma mudança. Vocês querem uma casa que seja positiva e boa para ambos. Se apenas um de vocês está satisfeito, ela não é boa o suficiente. Num casamento saudável, ambos são felizes.

Tão logo tenham feito a avaliação, escolham por onde começar. Não tentem fazer tudo de uma vez; isso acabaria com vocês. Tratem do casamento, lidando com um cômodo de cada vez. Comecem pela fundação e depois se movam para a área que se ache em pior estado.

Por favor, não se distraiam discutindo como ela chegou a esta condição, ou de quem foi a culpa. Simplesmente, arregacem as mangas e comecem as melhorias. Como bem ilustrou Thomas Jefferson: "Se a nossa casa pegar fogo, sem inquirir se ele foi ateado de dentro ou de fora, devemos tentar extingui-lo". Noutras palavras: "Se está quebrado, conserte".

Enquanto ambos trabalham juntos para melhorar e fortalecer o casamento, tenham em mente as palavras do apóstolo Paulo:

"[Oro] para que, segundo as riquezas da sua glória, vos conceda que sejais corroborados com poder pelo seu Espírito no homem interior; para que Cristo habite pela fé nos vossos corações; a fim de, estando arraigados e fundados em amor, poderdes perfeitamente compreender, com todos os santos, qual seja a largura, e o comprimento, e a altura, e a profundidade, e conhecer o amor de Cristo... Ora, àquele que é poderoso para fazer tudo muito mais abundantemente além daquilo que pedimos ou pensamos, segundo o poder que em nós opera" (Ef 3.16-20).

LISTA PARA AVALIAÇÃO

Como Avaliar a minha Casa?

Onde começar? Que cômodos estão em boa forma? Quais carecem de alguma atenção imediata?

Quando não sabemos por onde iniciar, é fácil não fazer nada. Contudo, isso seria um grande erro. Hoje, exatamente agora, neste preciso momento, avaliem a sua casa. Um modo fácil de fazê-lo é percorrer esta lista de verificação, espreitando dentro de cada cômodo e observando suas condições. Tão logo descubram que aposentos carecem de trabalho, leiam o capítulo correspondente neste livro, para obter ideias de como executar os melhores reparos. E então, façam o que precisa ser feito.

No futuro, procedam a uma revisão anual do casamento, usando esta lista de verificação e avaliando cuidadosamente suas necessidades. Há um monte de coisas que todo casal faz, ou deveria fazer, ao menos uma vez ao ano. Elas incluem:

- Consultar-se com o médico.
- Visitar o dentista.
- Trocar o filtro do calefator.
- Revisar o carro.
- Checar as baterias do alarme de incêndio.

O matrimônio é tão — ou talvez mais — importante que os itens alistados acima. Por isso, façam o *check-up* matrimonial agora e no futuro, todos os anos. Vocês nunca se arrependerão.

Lembrem-se: qualquer coisa realmente valiosa deve ser bem cuidada. Se negligenciarmos a manutenção regular de nossa casa, nosso carro, nosso corpo, e especialmente nosso casamento, cedo ou tarde, algo se quebrará. Portanto, eis aqui a sua lista de verificação do matrimônio. Trabalhem nela como casal, ou separadamente. De ambas as formas, ela poderá trazer-lhes muita diversão e livrá-los de muitos sofrimentos.

Instruções para a Lista de Verificação

Leiam cada questão e assinalem se concordam ou discordam. Se concordarem com a afirmativa, façam um X no espaço ao lado do número correspondente, na página 242. Se discordarem, deixem o espaço em branco. Ao término, somem os números marcados, horizontalmente, e coloquem o resultado à direita da letra maiúscula. Repitam este procedimento nas doze linhas. Feito isso, transportem o número para a letra maiúscula da página 243. Isso lhes dará uma classificação para cada um dos doze aposentos de seu matrimônio. Note que, quanto mais elevado o número, melhor vocês estão se dando nessa área. (Veja na página 243 *"Como Classificar sua Avaliação"*). A seguir, assinalem as suas três classificações mais altas e as três mais baixas. Finalmente, celebrem as suas melhores classificações e conversem sobre o que cada um tem feito para tornar estas áreas tão bem-sucedidas. Então, estudem as classificações baixas e conversem sobre o que podem fazer para melhorar nessas áreas.

	Concordo	Discordo
1. Sinto-me fortemente comprometido com o meu casamento.	______	______
2. Estou ciente da tendência emocional de meu cônjuge.	______	______
3. Nós concordamos em como lidar com nossas finanças.	______	______
4. Sinto-me confortável com todos os amigos chegados de meu cônjuge.	______	______
5. Sabemos como relaxar juntos.	______	______
6. Conheço e aprecio a capacidade intelectual de meu cônjuge.	______	______

	Concordo	Discordo
7. Sempre tratamos dos conflitos, rápida e positivamente, e de um modo que ambos achamos justo.	_______	_______
8. As crises nos aproximam.	_______	_______
9. Regularmente, apreciamos a criação de Deus, lado a lado.	_______	_______
10. Estou satisfeito com o nosso relacionamento sexual.	_______	_______
11. Temos a mesma opinião sobre aquilo que faz um casamento saudável.	_______	_______
12. Partilhamos valores espirituais semelhantes.	_______	_______
13. Desejo envelhecer com o meu cônjuge.	_______	_______
14. Ambos nos sentimos à vontade para falar de nossos sentimentos.	_______	_______
15. Juntos, trabalhamos bem.	_______	_______
16. Temos vários amigos moral e espiritualmente saudáveis, cuja companhia apreciamos.	_______	_______
17. Periodicamente, saímos a sós.	_______	_______
18. Gostamos de explorar lugares, interesses e ideias, na companhia um do outro.	_______	_______

	Concordo	Discordo
19. Sabemos lutar justamente.	______	______
20. Conversamos sobre as crises de um modo com que ambos nos sentimos confortáveis.	______	______
21. Disponho-me a apreciar o gosto de meu cônjuge por música, filme, literatura, ou qualquer outro tipo de arte, mesmo que não seja igual ao meu.	______	______
22. Meu cônjuge é romântico.	______	______
23. Conversamos sobre os nossos sonhos.	______	______
24. Estamos ambos interessados em crescimento espiritual.	______	______
25. Nunca deixarei que alguém do sexo oposto me seja mais íntimo que o meu cônjuge.	______	______
26. Posso ler as emoções de meu cônjuge.	______	______
27. Apoiamos um ao outro na educação dos filhos.	______	______
28. Meus amigos incentivam o meu matrimônio.	______	______
29. Gostamos de passar tempo juntos.	______	______
30. Frequentemente discutimos assuntos interessantes.	______	______

	Concordo	Discordo
31. Sempre nos sentimos mais próximos um do outro, após uma discussão.	______	______
32. Comprometo-me a permanecer ao lado de meu cônjuge em qualquer crise ou luta que ele tenha de enfrentar.	______	______
33. Permitimos que a simplicidade nos aproxime.	______	______
34. Gostamos muito de nos beijar.	______	______
35. Estabelecemos metas individuais e para o nosso relacionamento, e trabalhamos juntos a fim de alcançá-las.	______	______
36. Oro diariamente por meu cônjuge.	______	______
37. Estou comprometido a não fazer nada, propositadamente, que possa magoar o meu cônjuge.	______	______
38. Tenho noção das coisas que ferem ou precipitam as emoções do meu cônjuge.	______	______
39. Temos algumas tarefas domésticas que fazemos lado a lado.	______	______
40. Reunimo-nos regularmente com bons amigos.	______	______
41. Rimos juntos ao menos uma vez ao mês.	______	______
42. Ensinamos coisas novas um ao outro, regularmente.	______	______

	Concordo	Discordo
43. Não tenho medo de trazer à tona assuntos delicados.	______	______
44. Tento ser um servo, quando o meu cônjuge passa por dificuldades físicas.	______	______
45. Separamos tempo para apreciar, juntos, as coisas belas.	______	______
46. Sei o que meu cônjuge aprecia sexualmente, e disponho-me a pôr os seus desejos acima dos meus.	______	______
47. Atingimos as nossas metas.	______	______
48. Encorajamos um ao outro a cresce espiritualmente e a conhecer melhor a Deus.	______	______
49. Somos mais compromissados com o nosso casamento que a maioria dos casais.	______	______
50. Somos emocionalmente sintonizados um ao outro.	______	______
51. Frequentemente trabalhamos juntos em tarefas corriqueiras.	______	______
52. Não permitimos que familiares ou amigos se interponham entre nós.	______	______
53. Sabemos como ter um ótimo momento juntos.	______	______

	Concordo	Discordo
54. Somos ambos curiosos sobre o que o outro julga interessante.	______	______
55. Não brigamos tanto quanto costumávamos.	______	______
56. Aprendemos a nos apoiar um no outro nos momentos difíceis.	______	______
57. Falo mais sobre as coisas positivas da vida que sobre as negativas.	______	______
58. Somos sexualmente mais compatíveis agora que no início de nosso casamento.	______	______
59. Ajudei meu cônjuge a realizar ao menos um de seus sonhos no ano passado.	______	______
60. Regularmente, servimos a Deus fazendo algo pelos outros.	______	______

Pontuação

1 ___	13 ___	25 ___	37 ___	49 ___	A ___
2 ___	14 ___	26 ___	38 ___	50 ___	B ___
3 ___	15 ___	27 ___	39 ___	51 ___	C ___
4 ___	16 ___	28 ___	40 ___	52 ___	D ___
5 ___	17 ___	29 ___	41 ___	53 ___	E ___
6 ___	18 ___	30 ___	42 ___	54 ___	F ___
7 ___	19 ___	31 ___	43 ___	55 ___	G ___
8 ___	20 ___	32 ___	44 ___	56 ___	H ___
9 ___	21 ___	33 ___	45 ___	57 ___	I ___
10 ___	22 ___	34 ___	46 ___	58 ___	J ___
11 ___	23 ___	35 ___	47 ___	59 ___	K ___
12 ___	24 ___	36 ___	48 ___	60 ___	L ___

Avaliação

A ___	Intimidade no Compromisso	(Hall de Entrada)
B ___	Intimidade Emocional	(Closets)
C ___	Intimidade Prática	(Cozinha)
D ___	Intimidade Social	(Sala de Jantar)
E ___	Intimidade Recreativa	(Sala de Estar)
F ___	Intimidade Intelectual	(Estúdio)
G ___	Intimidade nos Conflitos	(Corredor)
H ___	Intimidade nas Crises	(Abrigo)
I ___	Intimidade Estética	(Pátio)
J ___	Intimidade Sexual	(Quarto)
K ___	Intimidade Futura	(Anexo)
L ___	Intimidade Espiritual	(Fundação)

Como Classificar sua Avaliação

4-5 Excelente
3 Precisa pôr em ordem algumas coisas
2 Hora de pensar em uma reforma
0-1 Necessário algum reparo

As três áreas de maior classificação
(Estes cômodos estão em ótimo estado.)
1.______________________________
2.______________________________
3.______________________________

As três áreas de menor classificação
(Estes cômodos carecem de algum reparo.)
1.______________________________
2.______________________________
3.______________________________

BIBLIOGRAFIA

Arp, David e Claudia. *The Second Half of Marriage*. Grand Rapids, Mich.: Zondervan, 1996.

Button, Mark e Diane. *The Letter Box: A Story of Enduring Love*. Hillsboro, Ore.: Beyond Words Publishing, 2002.

Chapman, Gary. *As Cinco Linguagens do Amor: como expressar um compromisso de amor a seu cônjuge*, São Paulo: Nexo, 1997.

Dobson, James e Shirley. *Night Light: A Devotional for Couples*. Sisters, Ore,: Multnomah Press, 2000.

Grigsby, Connie e Nancy Cobb. *How to Get Your Husband to Talk to You. Sisters*, Ore.: Multnomah Press, 2001.

Harris, Joshua. *Boy Meets Girl: Say Hello to Courtship*. Sisters, Ore.: Mult nomah Press, 2000.

Omartian, Stormie. *The Power of a Praying Husband*. Eugene, Ore,: Har vest House Publishers, 2001.

Omartian, Stormie. *The Power of a Praying Wife*. Eugene, Ore.: Harvest House Publishers, 1997.

Parrott, Drs. Les e Leslie. *The Love List*. Grand Rapids, Mich.: Zonder van, 2002.

Rainey, Dennis e Barbara. *Two Hearts Praying as One*. Sisters, Ore,: Mult nomah, 2003.

Rosberg, Dr. Gary e Barbara. The 5 Love Needs of Men and Women. Wheaton, 111.: Tyndale House Publishers, 2001.

Sande, Ken. *O Pacificafor: Um Guia Bíblico para Resolver Conflitos Pessoais*, Rio de Janeiro, CPAD, 2010.

Stephens, Steve. *20 Surprisingly Simple Rules and Tools for a Great Marriage*. Wheaton, III: Tyndale Publishers, 2003.

Thomas, Gary L. *Sacred Marriage*. Grand Rapids, Mich.: Zonder van, 2002.

Vanauken, Sheldon. *A Severe Mercy*. San Francisco: Harper and Row, 1987.

Wheat, Dr. Ed e Gloria Okes Perkins. *Lovelifefor Every Married Couple*. Grand Rapids, Mich.: Zondervan, 1997.